京都はユダヤ人秦氏がつくった

東北大学名誉教授
田中英道

育鵬社

はじめに

◉秦氏とは

秦氏《はたし》は、応神天皇《おうじん》(生没年=二〇〇?~三一〇年?)の時代に弓月国《クンユエ》から渡来したと『日本書紀』に記されている氏族です。

雄略天皇《ゆうりゃく》(生没年不詳)の時代には、畿内の秦氏が、土木・灌漑《かんがい》技術を生かした水田開発、養蚕《ようさん》などの事業を背景に財力を築きました。織物の生産をしている全国の秦部《はたべ》や秦氏の支配下にある秦人部《はたびと》などの氏族を組織化し、統括する勢力になりました。

そして聖徳太子(五七四~六二二年)が六世紀後半から七世紀のはじめに登場しますが、太子を助けた側近として秦河勝《はたのかわかつ》(生没年不詳)という存在が知られています。

平安時代初期に成立した『上宮聖徳太子伝補闕記《じょうぐうしょうとくたいしでんほけつき》』によれば、秦河勝は物部守屋《もののべのもりや》（生年不詳～五八七年）の追討戦（五八七年）に軍政人として従軍し、厩戸皇子《うまやどのおうじ》を守護して守屋の首を斬るなどの活躍を果たし、秦氏の軍事力を上宮王家の私兵として献上した人物です。『日本書紀』や『新撰姓氏録《しんせんしょうじろく》』といった史料で見ると、秦氏は京都・太秦《うずまさ》を本拠地として聖徳太子を助けていたことがわかります。

興味深いのは、聖徳太子について「記紀」が記している「厩戸皇子」という名前でしょう。きわめてキリスト教的な、あるいはネストリウス派的な影響を暗示している名称ですが、その背後には秦河勝の存在があることは間違いないでしょう。

秦氏についてはこれまで、朝鮮系であるとか、中国あるいは朝鮮の出身であるということが主張されてきましたが、秦氏はユダヤ人だったのです。

◉太陽の昇る国・日本をめざしてやって来た流浪の民

「日本人の祖先は、二千七百年前にアッシリア人によってイスラエルを追放された十支族の一つである」とする「日猶《にちゆ》同祖論」は、以前から俗説として語られてきました。

まず、この問題に関係すると思われるユダヤ人の歴史をたどってみます。

日本に来た理由の一つとして、昇る太陽を求めてやって来る、という人類の原初的な動機があるでしょう。ユダヤ人たちも最初は太陽崇拝の信仰をもっていたと考えられます。太陽崇拝は、世界のどの民族にも共通する信仰です。日の昇る方向へ移動していけば、必然的に太陽の昇る地・日本列島、日本という国にたどり着きます。

しかしそれは、ユダヤ人たちが幾度も波状的に大人数でやって来る、という事実について説明しているとは必ずしもいえません。

ユダヤ人はディアスポラといわれます。ディアスポラとは、「離散」「離散した民」と一般的に解釈されています。一時的にではあるにせよ多くのユダヤ人たちが故国を去らざるを得なかったのには、深刻な動機があります。

紀元六六年、イスラエルで、ユダヤ人の熱心党（ゼロテ党）がローマの守備隊を襲う事件がありました。ユダヤ人たちは、地中海世界を支配していたローマ帝国に対して本格的な独立戦争を開始したのです。ローマ帝国内のほとんどのユダヤ人が武装蜂起し、ユダヤ人の独立を試みました。

それに対して皇帝ネロ（紀元三七～六八年）は、紀元六八年にローマ軍を派遣し、圧倒的な軍事力によってユダヤ人の反乱を制圧し、エルサレムの第二神殿を完全に破壊します（この破壊跡の一部が礼拝場「嘆きの壁」です）。

広大なローマ帝国から追放されたユダヤ人たちは、ディアスポラの旅に出ます。

◉ローマからインド、中国、朝鮮を経て日本へ

そんなディアスポラの旅に出たユダヤ人の中に、ネストリウス派信仰者となってアジアに向かった人々もいました。彼らはシルクロード伝いに東の中央アジアに向かったのです。

その一部が、中央アジアの「弓月国」を経由し、中国、朝鮮半島までやって来たと考えられます。中国において秦氏として成立し、そこから朝鮮半島に移動したのでしょう。

そうした人々の中にいたユダヤ人、原始キリスト教徒のエルサレム教団が、大秦国《だいしんこく》（ローマ帝国）から来た秦氏と名乗っていたのです。秦氏は「柵外《さくがい》の人々」、つまり万里の長

城の外に住んでいる民族という意味で「秦人《はたびと》」と呼ばれたともいわれています。「秦」という言葉は、漢民族にとって「外の人々」という意味だからです。

ユダヤ人たちは中東の周辺にとどまることをせず、なぜ日本にまで来たのでしょうか。いつかは自国に帰ろうとする他の民族と、どこが違うのでしょうか。それは、ユダヤ人には故国そのものが最初からない、という点です。

現在はイスラエルという国が建国されているのだからそうではないだろう、と考える方もいるかもしれません。しかしユダヤ人は、最初からディアスポラ、つまり離散の民、流浪の民を自認している人たちです。ユダヤ人にとっては結局、動くことが重要なのです。

ユダヤ人以外の人々は、自分の国に帰る、あるいは自分の国の周辺に住むということが可能でした。しかし、ユダヤ系の人たちは、常に追われる民族であるということを、自らも認めて行動する人たちだったのです。

そんなユダヤ人たちは、朝鮮半島の国々では満足できませんでした。新羅《しらぎ》にも行っているようですが、日本にまでやって来ます。そして日本に根を下ろしたユダヤ人が、秦氏と呼ばれる一族でした。

◉日本で秦氏として安住したユダヤ人

日本には、「渡来して来たユダヤ人の名をハダ氏と受け取った」という説があります。『古語拾遺《こごしゅうい》』という平安時代の歴史書に、「秦」を当初「ハダ」と発音したと記されているのです。《肌膚《きふ》に軟《やわ》らかなり。ゆえに秦の字を訓《よ》みてこれを波陀《はだ》と謂《い》う》と書かれており、秦氏の由来ではないかとしています。

『古語拾遺』に書かれていることから推測される「ユダ族↓（ヤ）ハダ」という説は、日本における秦氏の名前の由来として蓋然性《がいぜんせい》は高いと思われます。

また、中国には外国人に対しても漢字の名をつける習慣がありました。しばしばそれは、出身国から一字採用して名づけられます。ユダヤ出身であれば、ローマ帝国の漢字名「大秦」から一字をとって「秦氏」とされたわけです。これが、ユダヤ人によってイェフダ↓イヤハダ↓ハダ↓ハタと読まれていき、「秦」の字に当てられた、と考えられます。

「日本とユダヤのハーモニー」というウェブサイトの記事によれば、『旧約聖書』の「創世記」に登場する、アブラハム、イサク、ヤコブといったイスラエルの先祖たちは、中国の景教（ネストリウス派）の漢語では「波多力」と書かれるそうです。

これは、イスラエルの先祖たちが「族長（パトリアーク）」と呼ばれているからです。パトリアークは、ギリシャ語の「父」を意味する「pater」と、「指導者」「王」という意味の「archon」が組み合わされたものです。その後、「族長（パトリアーク）」はキリスト教において「司教」の意味で使われるようになり、中国の景教では「波多力」と書き表されたといいます。

つまり、「波多」という漢字は、イスラエルの指導者、ユダヤの父なる指導者を意味しています。その王系の一族を称して「波多力」と書き、それが「秦」と書かれるようになったというのです。

ヘブライ語で「ユダ族」を意味する「(ヤ) フダ」に、漢語の「波多」（ハダ、ハタ）を当てたと考えられるでしょう。王系一族の意味としての「波多力」と、ユダ族の血統である「(ヤ) フダ」の両方を読み取ることができるというのです。

さらに、秦氏がイスラエルの出自であり、ユダヤ教の一派であった景教の影響を強く受けた民族であることは、『新撰姓氏録』からもわかります。

『新撰姓氏録』には、秦氏が仁徳《にんとく》天皇（二五七?～三九九年?）より姓を賜った際の記述がありますが、「ハタ」は「秦」ではなく「波多」と書かれています。つまり、景教の「波多力」がそのまま使われていることになります。

さらに『新撰姓氏録』には、秦氏は「秦始皇帝の後なり」と記されていますが、秦の始皇帝（紀元前二五九～紀元前二一〇年）の実父は呂不韋《りょふい》です（荘襄王《そうじょうおう》という説もある）。始皇帝の肖像画を見ると彫りが深く、西アジア人特有の鷲鼻《わしばな》が特徴的です。《目は青く西洋人のようであった》とも言い伝えられており、秦の始皇帝の先祖がユダヤ出身であった可能性は高いでしょう。

始皇帝

◉日本人とユダヤ人の遺伝学的類似

また、ちょっと興味深い話もあります。実は遺伝学的にも日本人とユダヤ人の関係が明らかになってきた、という話です。

それは日本人のルーツを遺伝学的に研究した、ウイルス学者の崎谷満《さきたにみつる》氏の『DNAが解き明かす日本人の系譜』（勉誠出版）で説明されています。以下興味深い部分を紹介します。

・遺伝学の分野ではY染色体のDNAは父系遺伝だが、日本人と中国人や韓国人とはDNAがかなり違う。
・世界では珍しい古代血統であるY染色体のD系統が日本人には多い。
・Y染色体のDNAによる分類をすると、驚くべきことに日本人と地中海の人々が同じDE系統になる。東アジアはO系統であり、オセアニア・南アジアがK系統になる。
・同じD系統であっても、日本人のD系統はほぼ100パーセント近くがD2系統である。

遺伝的に近いはずのチベットや東南アジアはＤ１とＤ３系統である。

・特殊であるＤ２系統は、世界の民族でも日本人にしか存在しない日本特有の系統である。

・大陸や半島など地理的に近い諸国では、Ｙ染色体のＤ系統は存在しない。

・３００塩基もの挿入部分を持つ「ＹＡＰ」という特徴的な変異があるが、この「ＹＡＰ」はＤＥ系統のみに存在し、他のグループには存在しない。

・このＥ系統を持つ民族が、ユダヤ人である。

つまり、ＤＮＡにおいて、Ｙ染色体のD_1という遺伝子が日本人とユダヤ人とは大変よく似ているというのです。そうであれば、ユダヤ人が日本に来ていたことの証明となるでしょう。

以上は遺伝学的事実ですが、私が『発見！　ユダヤ人埴輪の謎を解く』（勉誠出版）や『ユダヤ人埴輪があった！』（育鵬社）で指摘したように、ユダヤ人的な姿をした人物埴輪が数多く出土しているという事実と照らし合わせても、ユダヤ人である秦氏の存在と日本との深い関係について考えざるをえません。

ユダヤ人の特徴をもった人物埴輪（豊かなひげの男　高さ137.5cm　千葉県山武郡横芝光町姫塚古墳出土　観音教寺所蔵）

ユダヤ人の特徴をもった人物埴輪（武人　高さ133.5cm　同右）

◉現在の京都の原型は秦氏によるもの

　ユダヤ人秦氏は、一神教である原始キリスト教かネストリウス派のキリスト教を携えて日本にやって来たと考えられますが、それを主張することなく、中国や朝鮮にはないさまざまな技術を日本にもたらしました。機織りの技術や絹の生産技術、あるいは農業技術、灌漑施設の建設技術、そして、古墳をつくる土木技術などです。これらをもって日本に渡って来たことはその後日本でそれらが根づいたことによっても明らかです。そうした技術で秦氏はさまざまな建造物をつくりましたが、平安京もその一つなのです。

　秦氏は、その財力と組織力から判断しても、後の藤原氏のように政権を取り、自らが思う計画を実施することは可能だったと思います。暴力的にもできたでしょうし、政治技術的にも可能だったはずです。しかし秦氏はそうせずに、天皇を守る方向に向かいました。

　技術だけではなく、同時に彼らは、日本に渡ってくる途中で入手したアジア各地での物品をもたらしました。天平時代（八世紀中頃）から収められ始めた「正倉院宝物」に、中国・朝鮮のものよりも、中央アジアからペルシアにいたる広い地域のさまざまな装飾品や仏具のほうが多いのはそのためです。つまり、日本に海外の文化を伝えたのは、中国人や朝鮮人ではなかったということです。正倉院をつくったのもおそらくユダヤ系の大陸の人々であり、その宝物も彼らが聖武《しょうむ》天皇（七〇一〜七五六年）に寄贈したものでしょう。

また、全国の神社の大半をつくったのも秦氏です。全国約四万六千社の八幡宮の総本宮の宇佐《うさ》神宮（大分県）もその一つであり、万世一系の天皇をお守りしています。全国に三万二千社を数える稲荷神社も秦氏がつくったものだといわれています。

これは、ユダヤ人である秦氏が、日本の信仰形態を非常に評価したからだと考えられます。自分たちの宗教を広げるために日本の信仰形態を壊そうなどという気は起こさなかったのです。日本人の文化と生き方に服し、日本に同化したといってもいいでしょう。ここが非常に大事なところです。日本に渡って来たユダヤ系の人たちは彼らの理想郷を日本に見たのです。だから彼らは、日本を一神教にしようとせず、支配する意思を捨てたのです。

本書では、そんな秦氏と、秦氏が造営に尽力した平安京、つまり現在の京都との関係について述べていきます。

◉京都はユダヤ人秦氏がつくった　目次◉

第二章　日本「古代史」の通説の誤り

第三章　太秦と秦河勝

一　太秦について

二　秦河勝の重要性

編集協力――高関　進
装　幀――村橋雅之

第一章　平安京造営について語られていない真実

◉平安京造営に尽力した秦氏の財力

京都の市街地は、碁盤の目のように整理されていますが、これは平安京（七九四〜一八六九年）の構造が残っているからです。

平安京は、通りと条理がはっきりしている構造で、日本におけるこのような都市設計は、奈良時代に始まったものです。通りと条理とで整理された都は藤原京（六九四〜七一〇年）が初めてで、その後の平城京（七一〇〜七八四年）が規模的にも本格的な都となります。

平安京は、現在の京都市の中心部にあたります。南北に通じる朱雀《すざく》大路によって左京と右京に分けられ、両京との縦横に大路を開いて整然と区画されていました。東西約四・五キロメートル、南北約五・二キロメートルの広さです。

長岡京から平安京への遷都《せんと》を決断したのは桓武《かんむ》天皇（七三七〜八〇六年）でした。桓武天皇の母・高野新笠《たかののにいがさ》は朝鮮系ではなく秦氏系の人でした。桓武天皇はそれまでの天武《てんむ》天皇（生年不詳〜六八六年）系ではなく、天智《てんじ》天皇（六二六〜六七一年）の血を引いています。天武天皇系の政治家が権力を掌握していた当時、遷都は新たに天智天皇系の権力基盤をつくるうえで有効だったのです。

しかし天皇の意志だけで遷都することはできません。そこで動いたのが秦氏でした。

平安京造営に際し、ほとんどの資金を出しているのが秦氏なのです。

秦氏は一族をあげて平安京を造営しました。たとえば近江国《おうみのくに》の有力者で秦氏の支族出身である勝益麻呂《すぐりのえきまろ》（生没年不詳）は私財を投じ、平安京の建設にあたって役夫三万人を食事付きで雇ったといいます。

同様に協力を惜しまなかったのが、秦島麻呂《はたのしままろ》（太秦嶋麻呂：生没年不詳）です。山背国《やましろのくに》の実力者だった島麻呂は、都の造営に必要な用地と莫大な資金を提供しました。秦氏以外の氏族も都の造営に協力しましたが、秦氏の尽力は図抜けていたのです。

平安京の中心である大内裏《だいだいり》を造営したのは、秦氏の首長であった秦河勝《はたのかわかつ》です。河勝は、所有していた地所を天皇に奉じたのです。大内裏の紫宸殿《ししんでん》の前には右近橘《うこんのたちばな》と左近桜《さこんのさくら》が植えられていますが、右近橘は河勝邸に植えられていたものでした。

◉さまざまな技術をもっていた秦氏

秦氏の貢献は、平安京外縁部に点在している多くの神社が秦氏に関連したものであるということでもわかります。

五章で述べますが、特に右京の北側には、大酒《おおさけ》神社、木嶋坐天照御魂《このしまにますあまてるみたま》神社（通称・木嶋《このしま》神社）、松尾《まつのお》大社など秦氏関連の神社が集中して鎮座しています。右京の北側外縁部に神社が集中している理由は、そこが秦氏の本拠である太秦《うずまさ》だったからです。

秦氏の拠点は、現在の伏見稲荷《ふしみいなり》大社がある紀伊郡深草里《ふかくさのさと》（京都、伏見区深草）の周辺と草野郡太秦、それに山背国《やましろのくに》でした。聖徳太子の時代、秦河勝の頃は蘇我氏との関係で深草だったと思われます。そこから川を遡るかたちで、伝承上の本貫《ほんがん》の地（祖先発祥の地）へ進出していくわけです。つまり山背国の秦氏の在地化と勢力増大です。

秦氏は養蚕、機織、酒造、鍛冶、土木技術などをもっていたため、それらによって経済力を伸ばしていったのです。たとえば秦忌寸足長《はたのいみきたりなが》と太秦忌寸宅守《やかもり》の二人は、『続日本紀《しょくにほんぎ》』

に長岡京造営の功労者として挙げられています。足長は宮城を築いたことで従五位を得ていますが、五位以降は貴族ですから、従五位ということは貴族に列せられたということです。また、長岡京の造営長官の藤原種継《たねつぐ》は母方が秦氏で、祖父は秦朝元《ちょうげん》でした。

秦氏の多くは貴族になっていたのです。当時の貴族は、一族の多くが三位以上という藤原氏が、完全に支配者としての地位を得ていました。下位貴族の秦氏は、実務的なことを行っていたと思われます。

◉都づくりで発揮された秦氏の土木技術力

長岡京も平安京も、三方を山に囲まれた山背国にあります。古代においては「山代」、平安京遷都後は「山城」と表記されています。

都が遷ってくる前のこの地は、幾筋もの川がたびたび氾濫するなど、あまり人が住むのに適さない土地でした。このような土地を拓《ひら》いて所有したのが、秦氏だったのです。渡来人だった秦氏は、大陸の進んだ土木技術を有していたからです。

秦氏が治水工事に長《た》けていたということは「記紀」にも記されています。その秦氏の技術が十二分に発揮されたのが、京都盆地の土地改良でした。

五世紀頃、嵐山に葛野大堰《かどのおおい》を建造し桂川から水を引きました。川から水を引いて取水関をつくることによって桂川の氾濫を抑え、一帯を農耕可能な土地にしたのです。正確な位置はわかりませんが、葛野川、つまり桂川の渡月橋付近に秦氏たちが住んでいたと推定されます。現在、この付近を大堰川《おおいがわ》と呼ぶのは葛野大堰が築かれているからです。

さらに氾濫を繰り返していた賀茂川は、護岸工事などにより川の流れを変えました。日本は基本的に土地が豊かなため、土地を改良したり川の流れを変える、あるいは山を削るということを本来しませんでした。しかし、秦氏などのユダヤ人たちが来たことによって、土地を改良して自分たちの都市を建設するようになりました。

このような土地の調整を行うだけではなく、アルカリ性の土を湿地帯に薄く何層も敷いて徐々に乾燥させていくという高度な技術で土地を整えていったのです。そして造営されたのが、平安京でした。

山背に都が完成した延暦《えんりゃく》十三（七九四）年、桓武天皇は次のような詔勅《しょうちょく》を発しました。

《この国、山河襟帯《さんがきんたい》、自然に自を作す。この形勝により新号を制すべし。宜《よろ》しく山背国を改めて山城国となすべし。また子来の民、謳歌の輩、異口同音に号して平安京という》

というものです。

「平安京」という言葉は、奈良の「平城京」に対する言葉でしょう。山河襟帯とは、山に囲まれ、河で仕切られているという意味で、外敵の攻撃を防ぐのに適しているということです。そうした外敵がいない日本には合いませんが、出典は白居易《はくきょい》の漢詩ですから、中国での外敵との戦争を意識した言葉として使われていたものです。山背国ではなく山城国とするのも、奈良の背後にあるという軽く見られた意味を打ち消すためでしょう。

ではなぜ山城京とせずに平安京としたのかというと、都が平安であるようにという願いが込められているからだと思われます。しかし、わざわざ「背」を「城」としたのですから、「山城京」のほうが都の名にふさわしいはずです。こう考えると、「平安京」は、「山城京」よりは日本の都市名として理念があるように感じられます。

前述したように、平安京の土地の多くは秦氏の所有で、特に内裏が置かれた場所は聖徳太子の舎人《とねり》（皇族や貴族に仕えて警備や雑用などを行う人）でもあった秦河勝の邸宅があったところです。この土地を守っていたのが秦保国《やすくに》であったということは、『山城名勝志』に書かれています。

◉ギリシャやローマの彫刻技法と日本の仏像の類似性

このように、秦氏はさまざまな技術に通じていました。通説とは異なり、日本に来た中国人はそれほど豊かではなく、従来考えられていたような大きな影響をもたらしてはいません。日本に持ち込まれた文化や技術の多くは秦氏によるものだったのです。

たとえば当時、中国では道教が盛んでしたが日本にはほとんど入っていません。仏教はもともとインドのものですから、中国はそれを伝える役でしかなかったのです。

仏像も、大きな像はあっても、すべて岩窟に彫られているため、日本のようにブロンズや木でつくったりすることはほとんどありませんでした。そこはやはり日本は独特で、木に仏像を彫り製作する技術や文化は、ユダヤ人がギリシャやローマから運んできたものです。ギリシャ、ローマの建築は大理石ですが、日本では木材が豊富だったため木でつくったのです。

これまで、ギリシャから日本にやって来るものは、インド経由だけが考えられてきましたが、ユダヤ人によって直接、ギリシャ、ローマから伝わっていたのです。彼らは大理石を彫る技術に長けていたわけですが、それが日本で木を彫る技術に応用されたのです。その最初の彫刻家が、止利仏師《とりぶっし》たちです。

止利仏師という名前から、朝鮮人、中国人と思われていますが、私は彼も秦止利という秦氏系、つまりユダヤ人系だろうと考えています。非常に精巧な写実力、ディテールまでこだわった表現豊かな彫像を彫る能力は、ギリシャやローマの彫刻の技法です。最初は銅、ブロンズでつくっていますが、これも中国や朝鮮よりもユダヤ人の使っていた技法です。

こうした技術力が日本にもたらされたときにはじめて、中国や朝鮮と違う仏像という想像力が生まれたのではないでしょうか。ブロンズや乾漆像など、最初は非常に贅沢な仏像が多いのですが、だんだん木に変わっていくというのは、神道の自然信仰に適応していったからだとも思われます。

本書でも述べていきますが、このこともいろいろな神社仏閣を秦氏がつくっていくことと関係しているのです。

自然が一番尊いものとされている日本においては、家屋や仏像、神社仏閣などを木造にすることが、日本の自然信仰に適合した方法であることをユダヤ人たちは知り、積極的に利用していったのです。

世界最大の大仏殿や五重塔を木でつくれるような技術が、彼らに備わっていたのです。つまり、彼らの技術が日本の伝統の中で生かされていったということなのです。

◉ユダヤ系ならではの秦氏の力

さまざまな方面で平安京遷都に尽力した秦氏ですが、彼らにはそれを可能にする財力、つまり、土地があり、人を雇ってどんどん収益を得ていたわけです。

日本には、こうした「商売」を専らとする人はあまりいませんでした。というのは、日本人は「食べる分だけつくればいい」というのが「基本形」だったからです。

もちろん朝廷に税は納めますが、それ以上つくって人に貸すとか、貯めて財力を蓄えるといった経営能力は必要ありませんでした。秦氏は日本人にはない経営的手腕をもっていたため、巨大な古墳や都市づくりをすることができたのです。

秦氏がユダヤ系であったことは「はじめに」にも書きましたし、第二章で詳しく説明しますが、彼らの財力の源には、銅もありました。次のような興味深い逸話もあります。

群馬で銅が見つかったため、多胡羊太夫《たごひつじだゆう》が藤原不比等《ふひと》（六五八〜七二〇年）に、日本でもお金をつくって流通させればどうかと進言しました。和同開珎《わどうかいちん》です。多胡羊太夫は、「羊」という字があるように、アジアから来た遊牧民族の一族とされています。つまり、アジアの西域から来た渡来人の血が流れている多胡氏が関東で純銅を発見し、貨幣づくりを進言したわけです。

しかし、和同開珎で税金を払えるといっても、またお金をたくさん貯めたら従五位の貴族の位を与えるといっても、日本人はお金で税金を支払うとか貯金するという習慣をもたないため、だんだんすたれてしまったのです。

一世紀ほどは和同開珎のようなお金を何種類も発行したものの浸透せず、米、絹、塩といった昔ながらの物々交換のままでした。結局、日本で本格的にお金が流通したのは江戸時代になってからで、それまではすべて宋銭、中国のお金だったわけです。
いずれにしても日本の場合、秦氏は土地をもらってそこから収益を得ていたということです。

◉当初はユダヤの文化を打ち出そうとしていた？

さらに、日本の宗教では山や川といった自然のすべてが信仰の対象になりますから、ユダヤ人たちのような一神教、自然の上位に大きく君臨する神という考えはありません。日本人は豊かな自然そのものに対して畏敬の念を抱いていたのです。それは縄文時代からずっと続いている、ある意味「伝統」といえるでしょう。

ところが日本に来たユダヤ人たちは、自然をどんどん変えて活用していきます。それは決して悪いことではありません。自然を人間に従えるという発想が日本にはなかったというだけです。「神がつくられた自然を、神がつくられた人間が使う」という考え方があるからこそ、彼らは人間のために自然を変えることが平気でした。平安京もそうした考えのもと、造営されたのです。

日本に来た渡来ユダヤ人たちには最初、自分たちの文化に日本を取り込もうとする意思があったようです。ユダヤ人秦氏たちが文化や思想を日本にもち込もうとしたものの一つとして挙げられるのが、実はこの平安京という都市形態なのです。

彼らは日本人の身の丈には合わないような幾何学的で巨大な平安京をつくろうとしました。そこには唐の長安よりも、むしろペルシアあたりから渡ってきたユダヤ人たちの、日本にそうした碁盤状の都市を模した都をつくりたいという、野心のようなものがあったのでしょう。

平安京の内裏を大きくつくったのは、巨大な国王の宮殿を模したからだと思われます。つまり唐を超えて、さらに西国の王都を日本につくろうという目論見があったのだろうと思います。

もちろん、京都盆地という地形に合わせてつくろうとしたわけですが、西方の宮殿には必ず城郭、つまり城壁があります。平安京にも城壁をつくるつもりだったのでしょうが、かなり低めの、いつでも出入りできるような門になりました。真四角に囲んでいますが、ほとんど城壁としての役には立っていません。また、人が住んでいないところがあるなど相当な無駄があります。

日本にキリスト教のネストリウス派の寺院ができたわけではありませんが、日本の環境や風土、文化に合わない都をつくろうとしたのですから、自分たちの文化や思想を日本に押しつけようとした疑いがあるわけです。

◉平安京造営の遊牧民族的やり方が日本には合わなかった

平安京をつくるに当たっても、大陸由来の技術によって宮殿をつくることを積極的に進めたわけですが、最初に述べたように、必ずしもそれは日本の寺院に適合したやり方ではありませんでした。

今までは「平安京は、中国の都市設計でやろうとしたが合わなかった」という説が幅を利かせていました。中国では古来、「天円地方」(天は円く、地は方形である)という道教的な思想をもとに都を建設していましたが、そのような中国的な天と地とは違い、遊牧民族が指針とするのは天王星です。遊牧民族の基本は太陽ではないわけです。つまり、遊牧民族のやり方は日本の平安京には合わなかったのです。

いずれにしても、秦氏の影響は非常に強いものでした。そのことについて学者や研究者が語らないのは、朝鮮、中国人系の渡来人が、少なくとも三分の二はいたからでしょう。三等分のうちの三分の二は、もともと縄文、弥生時代に連続的に来ていた渡来人、「神《しん》別《べつ》」という高天原《たかまがはら》系の人々でした。高天原系とは日高見国《ひたかみのくに》という実在した関東、東北の氏族のことです。

日本では神々は人だったのです。江戸時代中期の学者・新井白石《あらいはくせき》も指摘していますが、日本は神道で多神教とはいえ、神というのは人間で、御霊《みたま》信仰は祖先たちへの信仰です。神々は天上の存在というような西欧的な概念は日本にはありません。

日高見国を故郷とする神族というのは、関東にいた藤原氏や物部氏というわけです。つまり、関東にいた人たちが神といわれていたわけです。『新撰姓氏録』でははっきりと「神別」として区別されていて、それを見れば藤原氏などは非常に力をもっていたことがわかるのです。

◉流浪の民が見つけた安住の地・日本

自然に従うことが日本人の生き方でしたが、ユダヤ人たちから自然を開拓し、灌漑する技術を学びます。帰化人（渡来人）の技術や能力を評価したのです。

秦氏が日本人に抵抗することもなく、日本の天皇のために尽くした理由は、日本に来て初めて迫害から救われ、土地さえ与えられて差別も受けなかったからでしょう。政治的地位まで与えられ、定着することができたのです。

高い政治的地位よりも、長期的な安住こそが、帰るところがないディアスポラの彼らには最大の贈り物になったと思われます。彼らは「機」織りの養蚕業だけではなく、土木事業や採掘などの経験を生かして日本で生活し始めました。

日本に来たときに彼らが信仰していた宗教は、最初は原始キリスト教、あるいは景教（ネストリウス派）だったと考えられます。彼らがそれを拡大しようと運動したとは思われません。自分たちの宗教を押し付けて迫害を受けるよりも、日本人の生き方に順応することを選んだのです。すでに十世紀以上にもなる自らの歴史からの経験で、それを捨て日本の自然環境に合った神仏融合的なものに同化したとしか考えられません。

一方で、「日猶《にちゆ》同祖論」者の人々は、言語、祭祀、建築などさまざまな類似を指摘しながらも、文献的、文字的な文脈からのみそれを行ったため、実際のユダヤ人の存在にまで結び付けられませんでした。秦氏の出自が朝鮮、中国の範囲を超えなかったので、彼らがユダヤ系であることとの決定打にならなかったのです。

◉平安京はエルサレム？

「平安京」をヘブライ語に訳すと、「エル・シャローム」、つまり「エルサレム」になる、という説があります。エルサレムとは「平和な都市」という意味で、つまり「平安な都」です。エルサレムは平安京ということなのです。「平安京」と「エルサレム」は、実は同じ意味をもっており、平安京は秦氏にとって極東のエルサレムというわけです。

つまり、原始キリスト教のユダヤ人である秦氏が、故郷のエルサレムから遠く離れた日本で完成させようとした都が平安京ということです。

かつてエルサレムの神殿が完成したとき、大王のソロモンは牛や羊を生贄《いけにえ》として焼いて神に捧げました。この、生贄を焼く儀式を「燔祭《はんさい》」といいますが、桓武天皇も平安京が完成した七九四年十一月八日に燔祭を行っています。桓武天皇が燔祭を行ったのは、秦氏の血を引いていたからなのです。これは桓武天皇が渡来人を祖にもつというだけでなく、古代天皇のなかにすでに秦氏の血が入っていたことを示唆しています。

こうした説明をすると、日猶同祖論者は、「日本がユダヤ人の言いなりになっていた」と主張しますが、そうではありません。ユダヤ人は一神教ですが、日本はそうなりませんでした。つまり土木技術などは取り入れたものの、キリスト教やユダヤ教といった一神教にはならなかったのです。

これはやはりユダヤ人たちが日本の伝統に完全に同化したからで、宗教とは別に自分たちの技術だけを提供することで、遷都などで積極的に協力したわけです。

◉日本の文化に溶け込んでいったユダヤ人・秦氏

ほかにも、平安京とエルサレムの共通点を見出すことができます。

平安京の大内裏は当初、北の一条通りはなかったため正方形でした。一条はのちに拡大され、正方形の内裏は隠されたのです。長方形の大内裏には門が十六ありましたが、正方形の大内裏の門は十二です。

「十二」はイスラエルの十二支族の数字で、『新約聖書』の「ヨハネ黙示録」第二十一章十二節に、《都には、高い大きな城壁と十二の門があり、それらの門には十二人の天使がいて、名が刻みつけてあった。イスラエルの子らの十二部族の名であった》とあります。

秦氏はユダヤ原始キリスト教徒だったと考えられますから、大内裏造営に際してエルサレムを再現した可能性が考えられます。古代イスラエル人は民族の紋章に、日本の天皇家と同じ菊花紋を使っていました。

こうした符合が平安京という都市構造に含まれているということは、やはり京都という町の原型に西方の思想が入り込んでいたと考えられます。こうした西方の文化がいかに日本の風土、日本の文化に適応していったかということが重要です。

こじつけのように思われるかもしれませんが、「エルサレム」という言葉は、「平安京」という名前に反映されていると同時に、この都市建設に非常に貢献している秦氏が、そうした数値を忍び込ませる可能性は十分にあったことでしょう。こうした意図をもって都市を造営するというこだわりが彼らにあったため、日本には適合しない土地の規模に幾何学的な形の都をつくろうとしたのです。

しかし結局、そうしたこだわりを捨て、ユダヤ人たちは日本の文化と一体化したため、日本の神道と仏教は揺るぎないものになったのです。

日猶同祖論者がよくいうように、ユダヤの考え方が日本に浸透したのではなく、日本の文化の源流の中に彼らが自分たちの思想を織り込んだのです。都の構造や建設といった技術力の中に彼らの能力が注ぎ込まれたわけで、決して彼らの宗教が入ったわけではありません。繰り返しになりますが、日本の文化の源流の中に彼らがどんどん組み込まれていく、あるいは自ら組み込まれていったというのが事実でしょう。

◉平安京の九人に一人が秦氏だった

新羅系、百済《くだら》系、あるいは漢氏《あやうじ》系など、帰化人・渡来人系の出自は国単位ですが、これらはその後、日本に同化していくにしたがい、国家のもとでの氏族意識よりも地域意識が強くなっていったと考えられます。氏族間の争いは記録からもほとんどないことが、そのことを示しています。彼らのなかでは、婚姻などによって氏族意識が薄められていったのでしょう。

それは朝廷の序列に反映されていました。秦氏は藤原氏を頂点とする序列に組み込まれていき、地方ではその共同意識が残されるものの、中央に敵対するようなことはほとんどありませんでした。

こうして帰化人の第一世代から、天皇を中心とする日本人の共同体への協力者に変わっていきます。帰化した時点から、彼らの自立的な氏族意識は解消していったのです。というのも、日本の風土が、すべての人々にほぼ同一の自然環境を与えているからといえるでしょう。どこの土地に居住しても、人々に自由に平等に生きる環境を与えているからです。

『新撰姓氏録』は、弘仁《こうにん》六（八一五）年に嵯峨《さが》天皇（七八六〜八四二年）によって編纂《へんさん》されたものですが、この頃まで帰化人系（諸蕃《しょばん》＝中国・朝鮮などから渡来したと称する諸氏）が平安京付近の人口の三分の一ほどを占めており、そのうちさらに三分の一が秦氏であるということが記されています。単純計算すると、九人に一人が秦氏ということになります。

この秦氏がその他の帰化人系とも、神別つまり高天原系（日高見国系・東国系）、皇別つまり大和国系（神武天皇以来の皇族系）の人々とも、徐々に同化していったのです。

秦氏の中心的な居住地は、現在の広隆寺のある京都の太秦地方であったことが知られていますが、河内国《かわちのくに》の讃良《ささら》郡にも太秦という土地があり、ここには弥生中期の高地性集落が太秦遺跡として残されています。太秦古墳群からは、五、六世紀にかけての帰化人関係の遺物が出土しており、すでに大きな力をもっていたことがわかります。

秦氏が現在の淀川の治水工事を行い、茨田堤《まんだのつつみ》を築く際に協力しており、大阪府寝屋川市の熱田神社が河内の秦寺であったことが広隆寺の記録に残されているとされ、また、秦河勝の墓もあったと伝えられています。秦河勝が建立した広隆寺がここにあり、古墳も六世紀頃のもので時代も同じだったと考えられます。

秦氏は土木技術だけにすぐれていたわけではありません。たとえば、天皇の古墳は四世紀から巨大化し、三百メートルを超える前方後円墳が建造されるなどしましたが、それも秦氏の技術によるものだったのです。

そうした技術と富で、秦氏は平安京の造営に尽力したのでした。

第二章　日本「古代史」の通説の誤り

◉帰化人・渡来人の三分の一はユダヤ人だった

日本の歴史について「帰化人あるいは渡来人と呼ばれる人たちが日本にやって来ていた」と語る場合、もっぱら朝鮮半島からやって来た人たちのことを指していました。つまり、「朝鮮半島から来た人たち、あるいは中国からの渡来人たちによって日本はつくられた」といった考え方がされてきていたわけです。

しかし、日本には、さらに大陸西方の中央アジアの人々、中東の人々が、東アジア系の人たちと混ざったかたちでやって来ていたのです。

特に重要なのは、馬を使ってやって来た人々、つまり騎人あるいは騎士といってもいい人たちの存在です。それは結論からいえば、「ディアスポラ」となったユダヤ人たちが日本に継続的にやって来ていたことを示しています。「はじめに」でも書きましたが、ディアスポラは、「離散」や「離散した民」と解釈されています。

ローマ帝国から追放され、ディアスポラの旅に出たユダヤ人の多くがシルクロード伝いに、東の中央アジアに向かいました。シルクロードはローマ帝国時代、中国の絹を得るための通路としてすでに確立していたのです。

秦氏が最初に日本に入ってきたのは三、四世紀頃だといわれていますが、それ以前に入っている可能性も非常に高く、特に紀元前六六〇年頃の、日本が建国されたといわれる時代にすでに、秦氏が活躍していたようです。

大陸を放浪していたユダヤ人たちがもっとも多く日本にやって来たのは、六世紀初頭、あるいは五世紀末と思われます。それは第二十一代雄略《ゆうりゃく》天皇が活躍していた時代とほぼ重なります。

ユダヤ系の人たちが日本に渡ってきた理由は、ユダヤ人のもつ歴史的な必然性によるところが大きいでしょう。ユダヤ人は、国を捨てること、国がなくなってしまうことを運命とするディアスポラの民族ですが、重要なのは「国をつくらない人々」だということです。

国をつくるということは、そこに楽園ができるということです。しかしユダヤ人は、「我々は楽園を追放された民である」と自ら規定しています。そのため、次から次へと住む国を替えていくわけです。そうした人々が、新羅など朝鮮半島の国々では満足できず、日本にまでやって来ました。ユダヤ人にとっては結局、動くことが重要なのです。

◉富を携えてやって来たユダヤ人

ユダヤ人たちはそもそも太陽信仰で、それが日本に来る一つの大きなモチベーションになっていたのです。

国を追われ、国を棄てても、国が整えばまた戻ることができる民族もいますが、ユダヤ人の場合は一度侵略された故郷に戻ることができませんでした。特に西暦七〇年頃の古代ローマによる侵略後は、ユダヤ人は完全にディアスポラ状態、つまり国がない状態に陥りました。

そういうユダヤ人たちは世界各地にいるわけですが、常に少数派で、しかも財産や土地をもつことができませんでした。正式に財産をもてないけれども、とにかく生きるために、商人として仕事に励み、商業によって富を得ます。

国を追われても、流れ着いた国で富を得られれば、いつか故郷に帰って安住することができますが、ユダヤ人は常にディアスポラの状態ですから、お金がないと生きられないという一つの大きな習慣ができてしまうのです。日本に来たユダヤ人たちも、財産をたくさんもってやって来ました。

日本は自然が豊かでした。そのため物質的な富、たとえば絹などで稼ぐ必要性はありませんでした。農耕民族は自分たちの生活さえしっかりできれば、余剰品を売ったり、不作時に備えて蓄えるなどはしても、売るために巨大な倉庫に貯め込むということをもともとしませんでしたし、必要がなかったのです。

ちなみに『京都府葛野《かどの》郡史概要』には、《伊勢に至り商業に従ひしことあれば利殖の道に長《た》け、他日、秦氏の富饒《ふじょう》を招来する因を講《かま》へしなるべし。特に大蔵省に召されしを見ても秦氏の富との関係、はなるべからざる由来を窺《うかが》ふべし》と記されています。つまり、いつも大蔵省に招かれている秦氏の富は周知のことだったのです。《秦氏は實《じつ》に新しき文化と共に巨富の所有者なり》とも書かれているくらいです。

秦氏がユダヤ王族系の財閥だったから、あるいはユダヤ王族でないにしろユダヤ商人の財閥だったために、日本に来ても利殖の術に長けた富豪となっていったということです。

日本の前方後円墳の時代の巨大な古墳から始まり、おそらく飛鳥時代の広隆寺、法隆寺の創建に際しても、彼らの富が動いたはずです。

しかしこれまで、そのことがほとんど無視されてきたのは、ユダヤ人という感覚が日本にはなかったからでしょう。朝鮮、中国以外の帰化人たちの顔は見えなかったのです。莫大な富をもっていた秦氏は平安京遷都後、官僚として大活躍しています。つまり彼らには財政を管理する力が備わっていました。秦氏には、たとえば主計寮《かずえりょう》、大蔵省、内蔵寮《うちくらのつかさ》といった財政関係の役人が多かったのです。

元慶《がんぎょう》七（八八三）年に秦氏は惟宗朝臣《これむねあそん》と改姓していますが、これは法律に長けた明法家《みょうぼうか》、つまり官吏、官僚としての専門的な知識をもっている人たちのことです。こういう人たちが官人、あるいは郡司、中央役人となっていくように、「惟宗」家が明法家を輩出しているわけです。

この惟宗家は、のちに令宗《よしむね》家、宗家《そうけ》となって、明法博士《みょうぼうはかせ》といった法律の仕事に就いているわけです。彼らが書いた『令義解《りょうのぎげ》』『令集解《りょうのしゅうげ》』という学説や、「讃記」「穴記《あなき》」と呼ばれる学説は現在まで残っています。

下級役人ではありますが、秦氏の一族は文書系の役人として、日本に貢献しているといってもいいでしょう。

ユダヤ人は富のつくり方を知っており、それを日本にもち込んだだけではなく、このようにさまざまな才と技術をもって来たのです。そんな彼らの多くが、太陽が昇る国・日本をめざし、船でやって来て、関東にたどり着いたのです。

◉太陽の昇る国・日本をめざしたユダヤ人

移動をしはじめた頃のユダヤ人たちは、そもそも太陽崇拝の信仰をもっていたと考えられます。太陽崇拝は、世界のどの民族にも共通する信仰で、日の昇る方向へ移動していけば必然的に日本列島にたどり着きます。日本は、太陽の昇る国だからです。

日本に渡って来たすべての「渡来人」に東方信仰があったとはいえません。しかし、西域の人々には「太陽に向かって進む」という信仰は確かにあったのです。

たとえば、中央アジアのアゼルバイジャンにあるゴブスタンの遺跡（二〇〇七年に世界遺産登録）は、岩山に描かれた絵画で有名な石器時代の遺跡です。そこに描かれている船の絵は、舳先《へさき》に太陽が描かれています。つまり、ゴブスタンの遺跡の船は、太陽に向かって進んでいるのです。

冒頭で述べたように、日本には古来、西域から多くの人が渡って来ました。奈良の東大寺・正倉院に収蔵された品々は、中国や朝鮮のものより西域のもののほうがはるかに多いことでもそれがわかります。

太陽の昇る方向、つまり東へ向かう人々は、最初はアフリカを出発しました。彼らはアジアにおいてさまざまな場所に居住したのち、さらに東方に向け、波状的にやって来たと考えられます。

つまり、縄文時代、弥生時代は、中国、朝鮮といった近い地域の人々より、そうした西方の人々が渡って来るほうが多かったのです。これはすべて太陽信仰のなせることです。「昇る太陽」という意味においては、フランス語には「le soleil levant」、イタリア語であれば「Il sorgere del sole」といったように、印象深い言葉があります。太陽が昇る国・日本までやって来るということは、人類にとっても必然でした。

そして、ユダヤ人たちがたどり着いた場所こそ、関東だったのです。関東こそが太陽が昇るところ、日本そのものでした。関東・日高見国から京都、特に奈良にやって来た人たちが多く、そこに秦氏もいたわけです。

◉ユダヤ人によってもたらされた海外の文化と技術

日本に渡って来たユダヤ系の人々が、機織りの技術や絹の生産技術、あるいは農業技術、灌漑施設の建設技術、そして、古墳をつくる土木技術などをもっていたことは明らかです。それらは中国や朝鮮にはない技術だからです。

同時に彼らは、日本に渡って来る途中で入手したアジア各地での技術や物品をもたらしました。これが、天平《てんぴょう》時代（八世紀中頃）にはじまった「正倉院宝物」に、中国・朝鮮のものよりも、中央アジアからペルシアにいたる広い地域のさまざまな装飾品や仏具が多く収められていることの理由です。

つまり、日本に海外の文化を伝えたのは、中国人や朝鮮人ではなかったのです。正倉院をつくったのもおそらくユダヤ系の大陸の人々であり、その宝物も彼らが聖武天皇に寄贈したのでしょう。

仏教をもたらしたのもこうした大陸の人々、ユダヤ系の人々だったかもしれません。遣唐使として中国に行った日本の仏僧はもちろん大勢います。しかし同時に、中国から日本に渡って来た人たちのなかには、中央アジアでの経験を通じて日本に仏教をもたらした人たちもいたと考えられます。仏教はもともとの発祥がインドですから、中国を経由する必要はありません。

いずれにせよ、奈良に大和国が成立したあとも、西方の渡来人＝帰化人はやって来ました。弥生時代にはじまり、一つの大きな波として応神天皇の時代を中心とする四世紀末から五世紀はじめ、次に雄略天皇の五世紀後半から六世紀中頃というように、波状的に日本に渡って来たと考えられます。

◉秦氏の故郷・弓月国とは？

『新撰姓氏録《しんせんしょうじろく》』などによると、秦氏は「秦」を氏の名とする氏族ですが、その実態はわからないままでした。東漢氏《やまとのあやうじ》などと並んで有力な渡来系氏族として知られていましたが、西方のユダヤ人系の人々であることは無視されてきたからです。

また、『新撰姓氏録』『秦氏本系帳』などには秦氏の系譜として秦の始皇帝をはじまりとするとありますが、こうした説をはじめから「つくりものだ」とする考えも、秦氏の実態をあやふやにしています。

さらに、秦氏の故郷である「弓月国《クンユエ》」という国の存在さえ確かめようとしない、ということも、秦氏の実態をあやふやにしている原因の一つです。つまり、「記紀」の重要な考察がなされていないのです。

中国の西、ウイグル、カザフスタンの辺りに弓月国という国が存在しており、そこからユダヤ人たちがはるばる日本に渡って来たという、明治の学者の「佐伯好郎《よしろう》説」は、現在では蓋然性《がいぜんせい》を有しています。その一行が弓月の王に連れられて日本にやって来たことになります。

弓月国の人々は、満洲を経て朝鮮に向かい、朝鮮（特に新羅）でも迫害を受け、日本の天皇に助けられ、日本列島に到着しました。確実な資料としては、弓月君《ゆづきのきみ》（ユツキ、生没年不詳）は、『日本書紀』に記述があり、日本の秦氏の先祖とされており、『新撰姓氏録』では融通王《ゆうづうのきみ》と書かれています。

『日本書紀』によれば、応神天皇十四年に、弓月君は百済から来朝して、百二十県の民を率いての帰化を希望していたものの新羅の妨害によって動けなくなっているという窮状を上奏しました。応神天皇はそれに応え、葛城襲津彦《かつらぎのそつひこ》を派遣して弓月国の民を当面、加羅《から》の国が引き受けるようにしました。

しかし三年経っても葛城は、弓月君の民を連れて帰還することができませんでした。そこで応神天皇十六年八月、新羅による妨害を除くために、平群木菟宿禰《へぐりのつくのすくね》と的戸田宿禰《いくはのとだのすくね》が率いる強力な軍勢が派遣され、新羅国境を牽制し、無事に弓月君の民を渡来させたのです。

◉日本で秦氏となったユダヤ人たち

そうした渡来人の一族が秦氏だったのです。帰化後の弓月の民は、養蚕や織絹に従事しました。その絹織物は「肌」のように柔らかく暖かいものでした。『新撰姓氏録』の山城国諸蕃《しょばん》・漢・秦忌寸《はたのいみき》の項には、このことから弓月の民の人々は「波多」の姓を賜ることとなったという説話もあります。

その後、子孫たちは氏姓に登呂志公《とろしのきみ》、秦酒公《はたのさけのきみ》を賜り、雄略天皇の時代に「うつまさ（禹都萬佐、太秦）」の姓を賜りました。

平安時代に編纂された、清和《せいわ》天皇（八五〇～八八〇年）、陽成《ようぜい》天皇（八六八～九四九年）、光孝《こうこう》天皇（八三〇～八八七年）の三代、三十年間が記された歴史書『日本三代実録』があります。ここには、惟宗《これむね》朝臣《あそん》の氏姓を賜ることとなった秦氏、秦宿禰《はたのすくね》永原《ながはら》、秦公《はたのきみ》直宗《なおむね》、秦忌寸《はたのいみき》永宗《ながむね》、秦忌寸越雄《こしお》、秦公直本《なおもと》らの奏上が残されています。彼らの奏上によると、功《こう》満王《まんおう》は秦始皇帝十二世孫であり、その子の融通王＝弓月君は十三世孫に相当します。

秦氏の祖である弓月君は、たしかに朝鮮半島を経由していますが、秦氏の系統は『新撰姓氏録』においては「漢」（現在でいう漢民族）の区分です。

つまり、秦氏の系統は当時の朝鮮半島の人々である、高麗（高句麗）、任那《みまな》、百済、新羅とは別系統なのです。このことは、彼らが西方の人々であったということが一般的に認識されていたことを示しています。

本章で順に述べていきますが、これが秦氏とユダヤ人との関係を明らかにしていくのです。

◉日本に対する秦氏の多大な貢献

『秦氏本系帳』の秦氏の系図を見てみると、

《秦・始皇帝・政―秦皇帝・胡亥《こがい》―秦皇帝・孝武―竺亀王―宋孫王―法成王―功満王―融通王―（弓月王・弓月君）―真徳王―普洞王《ふどうおう》―秦酒公《はたのさけのきみ》―河秦公―国勝秦公―川勝秦造（秦河勝）》

となっています（『古代氏文集――住吉大社神代記・古語拾遺・新撰亀相記・高橋氏文・秦氏本系帳』沖森卓也、矢嶋泉、佐藤信著、山川出版社）。中国の秦の始皇帝から秦河勝までの系譜は、『新撰姓氏録』と同じです。

こうして改めて『新撰姓氏録』の秦氏の系譜を見ると、右のように弓月王が出てきますが、その「弓月王」が応神天皇の十四（二八三）年に来朝し、さらに百二十七県《あがた》の民を率いて「帰化」したとあります。『日本書紀』が百二十県としており、ここでは百二十七県となっています。この小さな違いは、その情報源が異なっており、さまざまな秦氏がすでにいたことが推測されます。

帰化した一行はその後、集団をなして日本の各地に住み着いたことになります。このユダヤ人系の弓月君の融通王が祖となって、秦氏が活躍し、朝廷の設立や土地の開拓、物資の流通などと深く関わった氏族となり、同化して藤原氏などの摂関家の下で日本のために貢献したのです。

関西周辺には、大和朝廷成立後、大和国だけでなく、山背国の葛野《かどの》郡（京都の太秦《うずまさ》）、同じく紀伊郡（京都、伏見区深草）や、河内国の讃良《さら》郡（大阪府寝屋川市太秦）、摂津国の豊《と》嶋《しま》郡、針間《はりま》国（兵庫県）、阿波国、伊予国神野郡など各地に住み、土木や養蚕、機織などの技術を生かし、そこで富を得るようになったのです。

さらに、日本の天皇家からあたたかく迎えられたことが、彼らを日本に同化させる起因となったのです。

◉秦氏の祖先は秦の始皇帝だった

中国を訪れていたフランス人神父のゲオルゲ・プレボスが、一九二六年に洛陽で三つのヘブライ語の石碑の断片を発見したと語っています。これらの石碑は、東漢（後漢）時代のものとされ、このことは、中国において紀元前三世紀から紀元後三世紀にかけての漢の時代にすでにユダヤ人の居留地があったことを物語っています。

これと同じことが、八五七年の文献『インドと中国を旅行した二人のイスラム教徒との記録』に記されています。ユダヤ人ははるか古代から移住しており、中国系ユダヤ人は紀元前二二一年から二〇六年まで遡る、と述べられているのです。また、後漢の時代に、明らかにユダヤ人と思われる彫像などが発見されているそうです。

いずれにせよ、シルクロードを利用して来たのは、決して中国人ではなく、中東地方の人々、特にユダヤ人であったことは事実でしょう（『ユダヤと日本　謎の古代史』Ｍ・トケイヤー著、箱崎総一訳／産業能率大学出版部）。

古くから中東の商人として最も活躍していたのは、ディアスポラのユダヤ人でした。彼らは帰る国をもたなかったのです。

もともと秦氏は漢民族ではなく、すぐ隣の西戎《せいじゅう》と呼ばれた遊牧民族だとされています。このことからも、秦の始皇帝は非漢民族だということがわかります。『史記』によると、兵法家の尉繚《うつりょう》は秦の始皇帝の容貌について、「秦王の人となりは、鼻が高くて蜂のような恰好、切れ長の目、猛禽《もうきん》のように突き出た胸、犲《さい》のような声で、恩恵は少なくて虎狼のような心だ」というようなことを記しています。

ここでは誇張されてはいるものの、漢民族ではない秦の始皇帝の姿を、真実性を込めて語っています。単なる漢民族からの反感の言葉だけではない、具体性を帯びているようです。それは、中国人の大部分であるモンゴロイドと異なる種族の人物であることになります。鼻が高い、という観察は、漢民族と異なる鷲鼻《わしばな》の多い西域の人物を意識しています。『新撰姓氏録』で秦氏の祖先が秦の始皇帝である、としていることは、そこに秦氏が「諸《しょ》蕃《ばん》」としてすでに西域からやって来たユダヤ人であったという認識があったと推測されます。当時、秦氏が帰化人である「諸蕃」の有力な人々として溶け込んでいたと考えられます。つまり、その先祖の始皇帝もユダヤ人だったという認識がありえたことにもなります。

◉中国人としての特徴がない秦の始皇帝

また、ユダヤ人・十二支族が流れてきていたということがわかっており、その統一の仕方も漢民族とは異なり、非常に遊牧民族的だったのです。ペルシア帝国、あるいはバビロニア帝国のような西方の帝国のやり方で、中国を統一してしまうわけです。それまでの封建的なやり方ではなく、さらに国家統一性をもって郡県制を敷くようになったのです。

たとえば、中央政府からの任命で各地域に役人を送るという制度をつくりました。それは中国人にはできない制度ですが、それが根付かずにすぐ崩壊するという点もやはり西方の民族らしいといえます。しかし、秦の始皇帝の新しいやり方によって初めて中国が統一されたのです。

このことの物的証明としては、長安近くの秦の始皇帝陵から出てくる兵馬俑《へいばよう》があります。兵馬俑は、地下に約八千体もの兵士の像が埋もれていたわけですが、ほとんど同じような顔で、中国人がいかに使われていたかがよくわかります。始皇帝は人民を奴隷扱いし、完全に抑圧した使い方をしていたのです。焚書坑儒《ふんしょこうじゅ》やお金や度量衡の統一など、西欧でやってきたあらゆるやり方を施行したのです。

兵馬俑のなかに、秦の始皇帝と思われる人物が馬車を繰って国を巡回しているような像があります。そこに立っている人物は、明らかに秦の始皇帝と思わせる鼻が高くて堂々とした体軀をしています。それがあとになって、たくさんの秦の始皇帝の肖像として残されるようになったのです。

◉大陸的な発想をもっていた秦氏

中国の歴史の面白いところは、二、三百年ごとに遊牧民族が政権をとることです。唐を築いたのも鮮卑族《せんぴぞく》という遊牧民族です。もちろんモンゴルも遊牧民族ですし、清は満洲族です。こうした人たちがどんどん入って来て政権をつくるわけです。そうした遊牧民族が日本にもやって来ています。日本は平安京の秦氏もそうですが、そのすべてが天皇を守る方向にいくのです。

これは、日本においてはすでに皇帝とは異なる別の形で天皇という統率者がおられたため、それを弑《しい》して乗っ取るようなことをせずに、神武天皇の流れ、天照《あまてらす》以前の高御産巣日神《たかみむすびのかみ》という、天照を助ける役の先祖の系統がすでに縄文からずっとあったわけです。つまり日高見国《ひたかみのくに》という国が紀元前十世紀頃から存在し、七世紀あたりに日本に来た渡来人たちが、それを支持する方向、肯定する方向に動いたということがわかります。

それはなぜかというと、天皇から土地を与えられたからです。与えられたことによって協力し、それで蓄えた財力を天皇のために使うというシステムがつくられていったのです。

こうしたことは他国にはないことです。ほかの国では秦の始皇帝のように、彼ら自身が王や皇帝になりますが、日本は、家父長制の八紘一宇《はっこういちう》の精神、つまり、日本という国家が家で、その長が天皇、あるいは大君であるという制度が伝統的に引き継がれています。長を倒すのではなく支持し、それを守る方向にいくという帰化の仕方、同化の仕方をしているわけです。天皇を助ける役割となる。それが平安京まで及んでいるのです。桓武天皇を助ける役割としての内裏をつくったのも同様です。

第一章で書いたように、内裏は秦河勝が所有していた土地につくられましたが、平安京を造営しようとしていた秦氏のグループは、大陸的な発想で巨大な都を構想していました。京都の盆地にふさわしい大きさより巨大な、構造そのものが幾何学的な都市をつくろうとしたのです。広大な平原に都をつくるのと同じ発想ですから、最初は日本にはまったく合わない、都市としては広すぎる構造をもたせたのです。

これは巨大国家のやり方ですから、日本には適しません。完全に幾何学的な左右対称の都市というのは日本の地形にまったく合わず、また、日本の美学にも合いません。日本の庭園を見ればわかるように、左右対称も、幾何学的なものもありません。日本の庭園は自然に近く、左右対称であってはなりませんから、日本の美学に合わないことを平気でやるのは渡来人である秦氏以外にないわけです。

◉秦の始皇帝はユダヤ人だった

平安京は遣唐使がもってきた知識と技術で造営された、といった考え方が非常に強いのですが、秦氏が大きく関わったということに着目しなくてはなりません。

それは、中国の文化をそのまま移すということではありませんでした。秦氏らユダヤ人たちはもともと別の考え方、つまりペルシアやギリシャ、あるいは古代ローマの文化と関わりが深かったわけです。彼らは天皇、あるいは国の中心である都というものを強く意識していました。

さらに、長安も西方の影響でつくられた都市だということも考える必要があります。秦の始皇帝以前から、西方の都市があったわけです。長安は中国の西方にありますが、これはシルクロードで西からアクセスしやすい位置です。

北京や上海は太平洋側にあるわけですが、古代の都市はすべて西側の中央アジアから近いところにありました。海岸から相当深いところに都市があるということは、まさに大陸の影響が強いということです。シルクロードは多くの遊牧民族が入ってくる道でもありました。

長安を都にしたのは秦の始皇帝ですが、この民族はもともとは西方の羌族《きょうぞく》、西から来た人たちで、そのなかにはユダヤ人も入っていました。

「秦の始皇帝はユダヤ人だった」という説を私は支持します。先述したように、始皇帝の肖像を見ても、鼻が高くて堂々たる体軀をしており、漢民族とは明らかに異なります。

秦の始皇帝が力をもっていたのは紀元前二二一年から紀元前二一〇年までという非常に短い間でしたが、初めて中国を統一したわけです。さまざまな氏族、豪族が割拠している中国を統一するということは、それまでの中国での在り方とまったく異なる新しい攻撃性をもって各豪族たちを抑えたのであって、統一していく軍事力が非常に強かったことを物語っています。これこそ彼ら遊牧民の持ち味で、もともと戦争に長けた人たちですから、これが秦という国の中に入り込み、秦の始皇帝を生み出したのです。

中国の歴史書『史記』には、秦の始皇帝の父親の世代の宰相だった人物はユダヤ人で、その妾だったユダヤ人女性を秦の始皇帝の父が奪ったということが述べられています。

秦の始皇帝はユダヤ人であるとは書いていませんが、その父親は羌族という西の異民族だということがはっきりしているわけで、呂不韋《りょふい》という名前がヘブライ語「ヨセフ」に似ています。その息子が秦の始皇帝だった。つまり明示されてはいませんが、血筋からいうとユダヤ人ということがわかるのです。

◉ユダヤ思想があった秦の始皇帝

混乱していた中国の広大な領土を秦の始皇帝が初めて統一できたということは、その能力と実行力に、他の諸侯とは隔絶したところがあったと考えなければなりません。

弱冠十三歳の「政」と名乗る少年が秦の王に即位すると、異常な活力が生まれ、群雄割拠の六カ国を平定し、王の称号をやめて皇帝を名乗り、紀元前二二一年、秦国を打ち立てたわけです。

すでに述べたように始皇帝は封建制度を廃し、郡・県制を敷き、度量衡《どりょうこう》や文字、貨幣などを統一しました。強力な中央集権国家をつくり上げ、「万里の長城」や「焚書坑儒」、巨大な治水工事などの公共事業を次々に行ったのです。こうした始皇帝の方法を見ると、彼自身の考えだけでなく、その配下にいる他のユダヤ人、つまり呂不韋のような知恵者がいたと思われます。

これまでの「封建的」群雄割拠のやり方を打破し、西方、特に古代ローマの中央集権国家に似た制度を一気に実現しようとしたのです。ローマには、多くのユダヤ人がいたことはよく知られています。ローマから中国の間に「絹の道《シルクロード》」をつくったのは、彼らでした。この、それまでの中国になかった西洋的統治方法は、始皇帝の周辺の官僚たちに西方の体験があったことを物語るものでしょう。

さらに、因習にとらわれない、力強い暴力的な実行力は、土地に結び付いた諸侯とは異なる発想があったことを示しています。ユダヤ人的で無手勝流なディアスポラの発想と、巨大な富、強力な頭脳の結集がなければこうしたことは不可能でしょう。

ユダヤ人の血を引いている秦の始皇帝が、絶対的な君主として中国全土を統一し、最初の皇帝を名乗ったのも、その背景にはユダヤ思想の影響があったと考えられます。

◉朝廷を支えたユダヤ人・秦氏

神功皇后《じんぐう》、応神《おうじん》天皇の時代に、秦氏が日本にやって来たことは知られていますが、それは数千人から一万人の規模で、決して小規模のものではありませんでした。ユダヤ系の人々がかなりまとまって移動していたことが推測されます。彼らは快く受け入れてもらうために、日本に帰化し、天皇家に協力して朝廷を支えていったのです。

そのなかには阿直岐《あちき》、王仁《わに》、阿知使主《あちのおみ》といった人物がいますが、こうした人々も元はユダヤ系だったのでしょう。この時代のユダヤ人は他民族と異なり、完全にディアスポラの人々となっていたため、彼らを受け入れる日本に来るのが、ある意味で最も安全であり、幸福だったのです。天皇に受け入れられ、土地さえ与えられたからです。中国の「論語」や千字文を伝えたといわれる王仁（和邇吉師《わにきし》）もユダヤ人だったかもしれません。

「儒教や漢字を伝えたのは百済人では」と思うかもしれませんが、百済や新羅には多くのユダヤ系、漢人系の人々が移住しています。これまでは、史家たちは朝鮮、中国の範囲でしか日本の歴史を見てきませんでしたが、それだけではないのです。秦の始皇帝がユダヤ系であることから、すでに中国の儒教や漢字を体得して中国人化したユダヤ系の人々が移動してきたと考えられるからです。

とりわけ、文字を使う仕事にユダヤ系の人々の役割があったと考えられます。藤原不比等の下の書記官の仕事は、秦氏の一族が担っていたことはよく知られています。たとえば、秦氏は山背国から丹波国《たんばのくに》桑田郡（京都府亀岡市）に居住し、湿地帯の開拓などを行っています。特に雄略天皇の時代には、秦酒公《さけのきみ》が伴造《とものつくり》となって各地の秦部・秦人の統率者となり、「公」の姓を与えられました。正式に朝廷の役人の一員となったのです。

さらに、欽明《きんめい》天皇（五〇九？～五七一年？）の御代に紀郡深草里《きのこおりふかくさのさと》の秦大津父《おおつち》が、やはり伴造となり、大蔵掾《おおくらのふびと》に任ぜられました。つまり秦氏は、「造」姓を称しましたが、「公」姓として長く残されたのです。

天智天皇は秦氏に、山背国（のちに桓武天皇が山城国とした）への開拓を進めさせましたが、それが桓武天皇の遷都によって活用されることになります。

◉山背国を拠点として活躍した秦氏

さて、秦氏はこのようにして山背国を中心に、平城京と山を隔てた「背後」で平城京を守りながらその力を蓄えていたと考えられます。また、いずれ首都を変えて日本を新たな文化国家にする構想をもっていたようです。それが平安京でした。

平安京の造営長官の藤原小黒麻呂《おぐろまろ》（七三三～七九四年）の妻の父は秦島麻呂でした。この島麻呂は山背国の大地主であったため、平安京造営の際には土地も資金も提供したのです。

小黒麻呂の子、藤原葛野麻呂《かどのまろ》（七五五～八一八年）は遣唐使にもなりましたが、幼い頃秦氏の母の実家で育てられたためについた名前でしょう。

この二つの京の造営長官が秦氏の係累でしたから、実務を行った役人などには秦氏が大勢含まれています。

また、貴族である和気清麻呂《わけのきよまろ》（七三三〜七九九年）のように秦氏でない人物でも、秦氏に支持的な支援をされた人もいます。清麻呂の故郷、美作《みまさか》は秦氏の拠点の一つでありました。道鏡事件（宇佐八幡宮神託事件）で道鏡（七〇〇〜七七二年）が託宣を受けた宇佐八幡宮は秦氏の神社で、そこのシンボルは清麻呂を助けたとされた猪の大群ですが、それは秦氏を象徴しているものといわれています。

桓武天皇による長岡京、そして平安京を日本の首都とする建設は彼らが大きな礎を形成したのです。その構想には、和気清麻呂、藤原小黒麻呂（藤原北家）らの提言があったと伝えられています。清麻呂も小黒麻呂も、麻呂のついた名前をもっていますが、こうした名前は外来系の人物に多く、秦氏の山背支配を知っていたにちがいありません。

平城京は、東大寺、興福寺、春日大社などとともに建設され、東国からやって来た藤原氏が支配する首都であり、まだ東国、すなわち「神別」の「高天原」系の人々が多かったのです。平安京に遷すことによって、天皇を「皇別」「諸蕃」の人々によって支えられる、安定した文化の形成をめざしたといえます。

村上《むらかみ》天皇（九二六〜九六七年）の日記には、「大内裏は秦河勝の宅地跡に建っている」と記されているように、平安京への遷都や造成に秦氏は深く関わっていました。

平安京となる山背国では、桂川中流域、鴨川下流域を支配下に置き、やはり秦氏系である賀茂氏によって賀茂神社が創建され、鴨川上流域を発展させました。秦河勝の神像がある松尾《まつのお》大社、秦氏が創立する稲荷神社や八幡神社、そして伏見稲荷大社などが続々と建てられ、秦氏の末裔《まつえい》はそれらの社家《しゃけ》（神社の奉祀を世襲してきた家）となりました。

天武天皇十四（六八五）年の「八色《やくさ》の姓《かばね》」においては、秦氏は忌寸《いみき》の姓を与えられ、公、宿禰《すくね》などの姓をもつ家系となりました。平安時代には、惟宗《これむね》姓を名乗るようになりましたが、秦氏も残り、楽《がく》家の東儀《とうぎ》家、東家、南家などが松尾大社の社家となりました。

◉雄略天皇を助けた二人のユダヤ人

秦氏を厚遇した第二十一代雄略天皇と秦氏との間には密接な関係があり、分散していた秦氏の一族の統率を試み、養蚕業を奨励するなど、特に秦氏の技術を重用しました。

先に触れましたが、秦氏はもともとシルクロード（絹の道）と関係が深く、機《はた》を営むことが多かった一族です。租税としてつくられる絹、固織《かたおり》を朝廷に数多く奉納しています。

雄略天皇は『宋書《そうしょ》』『梁書《りょうしょ》』に書かれている「倭の五王」の中の「武」であると考えられています。しかし、稲荷山古墳鉄剣の銘文では中華皇帝の臣下としての「王賜」銘鉄剣の「王」ではなく、「大王」と明記されています。

雄略天皇は、珍《ちん》、済《さい》など他の王たちのように吏僚《りりょう》としての任官を求めるなどはしていません。つまり、雄略天皇は日本の自立性を強く進めており、中国もそれを認めていたのです。

武、つまり雄略天皇の最後の遣使は四七八年です。史料上確実な倭国の次の遣使は六〇〇年および六〇七年の遣隋使で、その間、遣使は途絶えていました。これは、日本の自立性を示すものです。

こうした雄略天皇の新しい政策は、身狭村主青《むさのすぐりあお》と檜隈民使博徳《ひのくまのたみのつかいはかとこ》を史部《ふひとべ》（書記官）として重用し、大陸への使者として派遣していることにも表れています。

この二人はユダヤ人、秦氏の系統でした。少なくとも中国からの帰化人ではありません。史部とは、まさに外国との折衝が任務ですから、外国の言葉が堪能でない役人を大陸に送ることは考えられません。

実際、宋の順帝（一一五～一四四年）は、倭王武に《使持節都督倭《しじせつととくわ》・新羅・任那・加羅・秦韓・慕韓六国諸軍事・安東《あんどう》大将軍・倭王》の名を与えています。つまり「倭王武」の実力を認めていたわけです。

名の中にある「使持節」は、軍政権を渡された官のことで、「大陸の宋の皇帝は、日本の天皇がこれら六国の王になることを認める」と述べているのです。

これは明らかに、日本が朝鮮半島を支配していることを認めていた、ということです。

◉漢民族にとって「外の人々」だった秦氏

さて、ここで単純な疑問が生まれます。五世紀末に、なぜ雄略天皇が朝鮮に対しても中国の勢力に対しても力をふるうことができ、自立的な態度に出ることができたのか、という疑問です。

その理由として、「側近に大陸情報を広く持つ人材がいたからだ」と考えることができます。中国から来た氏族ではなく、そのさらに西の大陸から来た人々からなる人材です。雄略天皇はすでに四七八年に遣使をやめ、中国との接触を断っています。中国との関係は、密接ではありませんでした。

その理由として考えられるのは、大陸から来た秦氏、つまりユダヤ人の情報力と軍事的な援助です。本章の冒頭で述べたように応神天皇の時代に、弓月国《クンユエ》からの大量のユダヤ人の帰化がありました。

繰り返しますが、ユダヤ人は「流浪の民」といわれます。それが民族的性格であるとはいえ、故国を去らざるをえないのですから、そこには大きく深刻な動機があるはずです。強い圧迫を受けて四散せざるをえない状態を、歴史の近い時期に想定することが必要です。

ローマ帝国から追放され、ディアスポラの旅に出たユダヤ人たちの多くがシルクロードを伝って東の中央アジアに向かいました。その一部が、中央アジアの「弓月国」を経由して、中国、朝鮮半島にまでやって来たと考えられます。

中国において秦氏として成立し、そこから朝鮮半島に移動し、秦韓《しんかん》と弁韓までやって来たわけです。

秦韓は「辰韓」とも呼ばれ、弁韓と並んで四世紀頃まで朝鮮半島南部にあった三韓の一つです。日本海に接しており、のちの新羅と重なる場所にありました。

繰り返しますが、そうした人々の中にいた、ユダヤ人原始キリスト教徒のエルサレム教団が「大秦国《だいしんこく》（ローマ帝国）から来た秦氏」と名乗っていました。秦氏は、当時は柵外の人々、つまり万里の長城の外に住んでいる民族という意味で「秦人」と呼ばれたといいます。「秦」とは、漢民族にとって「外の人々」という意味だったのです。

◉欽明天皇と秦氏との密接な関係

『日本書紀』においては、書内で使われている暦法が、雄略天皇以降、「儀鳳暦《ぎほうれき》」から「元嘉暦《げんかれき》」に変わります。これもまた、この時代の政策が画期的なものであったことをうかがわせます。

雄略天皇は、すぐれた政治能力を発揮して大和王権の力を拡大させました。その反面、気性の激しい暴力的な所業も多く見られる天皇だったことでも知られています。

こうした統治は、大陸的な考え方を含む周囲の人的環境がなければ行えないことです。雄略天皇は、中国のそれと似た「力の政治」を行使したのです。

雄略天皇の血筋は男系では途切れたものの、皇女の春日大娘皇女《かすがのおおいらつめのひめみこ》が第二十四代仁賢《にんけん》天皇（生没年不詳）の皇后となり、その娘の手白香皇女《たしらかのひめみこ》は第二十六代継体《けいたい》天皇（生没年不詳）の皇后となって第二十九代欽明天皇を産んでいます。その血筋は、女系を通じて現在の皇室まで続いているわけです。

その欽明天皇もまた、秦氏と密接な関係にありました。

『日本書紀』巻第十九では、欽明天皇の即位にまつわる、次のような物語を最初に載せています。

《まだ幼少のおり、夢に人が現われ、「天皇が秦大津父《はたのおおつち》という者を、寵愛されれば、壮年になって必ず天下を治められるでしょう」といった。夢が覚めて使いを遣わし、広く探されたら、山城国紀郡《やましろのくにきのこおり》の深草《ふかくさ》の里に、その人を見つけた。名前は果して見られた夢の通りであった。珍しい夢であるとたいへん喜ばれ、秦大津父に「何か思いあたることはなかったか」と問われると、「特に変わったこともございません。ただ私が伊勢に商《あき》いに行き、帰るとき、山の中で二匹の狼が咬み合って、血まみれになったのに出会いました。そこで馬からおりて、手を洗い口をすすいで、『あなたがたは恐れ多い神であるのに、荒々しい行ないを好まれます。もし猟師に出会えば、たちまち捕われてしまうでしょう』といいました。咬み合うのをおしとどめて、血にぬれた毛を拭き、洗って逃がし、命を助けてやりました」とお答えした。天皇は「きっとこの報いだろう」といわれ、大津父《おおつち》を召され、近くにはべらせて、手厚く遇された。大津父は、大いに富を重ねることになったので、皇位をおつぎになってからは、大蔵《おおくら》の司《つかさ》に任じられた》（『日本書紀（下）全現代語訳』宇治谷《うじたに》孟《つとむ》訳、講談社学術文庫）

この話で興味深いのは、秦氏の有力者、秦大津父が「あなたがたは恐れ多い神であるのに、荒々しい行いを好まれます。もし猟師に出会えば、たちまち捕われてしまうでしょう」と、情勢判断をしているところです。

これはユダヤ人たちが、近代においても世界に対して取り続けている態度とまったく同じものです。少数派であるユダヤ人たちは必ず、支配する相手の国を分裂させ、その闘いを利用して支配しようとします。

欽明天皇は西暦換算で五四〇年に、帰化人たちに戸籍を与えました。秦氏の七〇五三戸を管掌する役割として「秦伴造《はたのとものみやつこ》」を用意し、「大蔵掾《おおくらのふびと》」にその任務を与えたといいますが、「大蔵掾」は大津父のことだったと考えられます。

族長である秦大津父は、調の貢納や、朝廷の蔵の経営に参与するようになります。秦氏の商業活動とともに、国家の運営にも重要な関わりをもつようになったわけです。

秦大津父は、山背国の紀郡深草里（現在の京都市伏見区）の出身で、葛野郡太秦の地を一つの拠点としました。六世紀半ばから七世紀初頭頃に秦氏の族長が深草から太秦に移り、この地の活動は活発化します。

欽明天皇のエピソードでもわかるように、秦氏は、のちに天皇家の後継者を左右させるほどの力をもち、国家の運営に深く関わる活動を行っていたのです。

◉巨大な建造物は秦氏の財力による

教科書では「天皇が建造物を建てるために国民からさまざまなかたちで税を集めた。国民たちの犠牲の上に建造物が建てられた」というような書き方をしていますが、そうではありません。財政の非常に豊かな氏族である秦氏が、巨大な仁徳天皇陵や応神天皇陵、そのほかさまざまな寺社をつくり、その文化が日本にずっと続くことになるのです。

西洋では教会堂やゴシックの大伽藍《がらん》を建造する際、各地にいるフリーメーソンが支援していました。「フリー」とは自由に動くという意味で、「メーソン」は石工ですから、石を使った建築技術をもっています。ヨーロッパのフリーメーソンはユダヤ人の組織だといわれていますが、そういう人たちが日本に入ってきて、それら建造物の造営に従事したのでしょう。そうした技術でつくられたのが、何百メートルという巨大な前方後円墳です。最大の大きさを誇る仁徳天皇陵古墳が全長四百八十六メートル、二番目の応神天皇陵は全長四百二十五メートルもあります。この巨大さは、自分たちを支援した天皇に対しての深い敬愛の念があるからでしょう。

また、仁徳天皇は秦氏に土地を与え、「太秦」という名前まで付けてあげたことがはっきりしています。うずのような大きな絹を秦氏が献呈したお礼ということで、京都に土地を与えましたが、それが太秦の由来だといいます（太秦については三章で詳しく述べます）。

仁徳天皇陵が巨大なのも、自分たちの支援への感謝の念が含まれているのでしょう。

仁徳天皇陵と応神天皇陵が一、二を争っているほど壮大なのは、秦氏と深いつながりがあったからなのです。巨大な古墳をつくったのは秦氏だということなのです。

これまで歴史家の多くは、誰が資金を出してどんな技術をもって巨大な古墳を造営したかを問いませんでした。古墳建造に関わったたくさんの人々についても考えず、何か古墳が忽然《こつぜん》と現れたかのように考えていますが、それが唯物論のよくないところです。

古墳の建造には、秦氏という大陸の技術をもち、ピラミッドを知っている渡来人たちが関わっていたということと、彼らが有していた莫大な富によって建造に関わる人々の生活を保障していたという事実があるのです。

ユダヤ人ならではの財産の蓄えと、大建造物を施工する技術などは後年、戦争を起こす原因にもなるわけですが、当時は主に建設のために使われており、平安京の造営の際も秦氏が参加したのです。

◉天皇への恩義を忘れない秦氏

また、丹波にある、応神天皇を祭神とした「弓月《ゆみづき》神社」は秦氏と縁の深い弓月君の名が冠されています。応神天皇は、朝鮮半島から秦氏を招き入れたため、秦氏にとって一族の大恩人というわけです。

秦氏を漢民族、あるいは朝鮮民族と見ている学者もいますが、そうではありません。秦氏は朝鮮半島から見て西側から、弓月君によって率いられてきました。弓月君は弓月王とも呼ばれますが、それは彼らの祖国・弓月国から来ています。そして応神天皇は秦氏の血を引いていたのです。

秦氏が信仰していた八幡神社は、中世に応神天皇と習合したため、応神天皇は八幡神でもあります。八幡神と応神天皇を習合した理由は、応神天皇が渡来人の血を引いていたからでしょう。

第五章で詳述しますが、秦氏は全国に神社をつくりました。これは、日本の信仰形態を評価したためで、日本の信仰形態を壊そうなどという気を起こしたわけではないのです。日本人のやり方と生き方に服し、完全に日本に同化した渡来人といっていいでしょう。

日本に渡ってきたユダヤ系の人たちは、彼らの理想郷を日本に見たのです。

第三章　太秦と秦河勝

一　太秦について

◉太秦はなぜ「ウズマサ」なのか

東映の撮影所などで有名な京都の太秦《うずまさ》。「太秦」をなんの知識もなく素直に読めば「タイシン」「タイハタ」「オオハタ」などでしょう。前知識がないと読めない「ウズマサ」は、秦氏と平安京と関係があるのです。

『日本書紀』に、秦氏の首長の称号は「太秦」であると記されています。当時の秦氏の状況について、雄略天皇の巻第十四に

《十五年に、秦の民を臣連等《おみむらじら》に分散《わか》ちて、各欲《おのおのねがひ》の随《まにま》に駈使《つかまつ》らしむ。秦造《はたのみやつこ》に委《ゆだ》にしめず。是《これ》に由《よ》りて、秦造酒《はたのみやつこさけ》、甚《にへき》に以て憂《うれへ》として、天皇《すめらみこと》に仕《つか》へまつる。天皇、愛《うつくし》び寵《めぐ》みたまふ。

詔《みことのり》して秦の民を娶《と》りて、秦酒公《はたのさけのきみ》に賜ふ》
とあります。つまり秦氏が酒を醸造して天皇に仕え、酒をつくる人を秦酒公と呼ばせた
というわけです。
《公《きみ》、仍《よ》りて百《ももあまり》八十種勝《やそのすぐり》を領率《ひき》ゐて、庸調《ちからつき》の絹縑《きぬかとり》を奉献《たてまつ》りて、朝庭《みかど》に積《つ》む。因《よ》りて姓《かばね》を
賜《たま》ひて禹豆麻佐《うずまさ》と曰《い》ふ》
そして禹豆のような絹を与えたので「禹豆麻佐」と呼ばれるようになった、つまりウズ
マサの始まりについて『日本書紀』ではこのように語っているのです。このエピソードは
『新撰姓氏録』にも書いてあり、酒あるいは禹豆、絹をつくっていることから「禹豆麻佐」
というのです。
また、『続日本紀』の聖武天皇の天平十四年の記事に、ウズマサに太秦という字を当て
るようになった理由が書かれています。
「八月丁丑《ひのとうし》、秦下島麻呂が造宮職として大宮垣を築造した功績により、正八位《しょうはちい》から従四
位下《じゅしいのげ》に位を高められ、太奉公という名、並びに銭一百貫、（絁《つむぎ》）一百疋《ひき》、布（帛《きぬ》）二百端、
綿二百屯《とん》を賜った」

絹織物や織物を商売にしていた秦氏が朝廷に召し上げられ、彼らは大蔵省で職を得たのです。渡来してきた秦氏たちが、時が経つにつれ、その富によってどんどん政府に入る、つまり、朝廷に入り込んでいったことがよくわかるでしょう。このことが、それ以後の宮廷で秦氏が重要な地位を担うはじまりでした。

◉「ウズマサ」はヘブライ語?

たとえば雄略天皇の時代に、雄略天皇と秦氏の族長だった秦酒公が全国の秦氏を集めて「秦氏会議」を開いたといわれています。全国各地に散らばった秦氏を一堂に集めたという壮大な話です。こうして集められた秦氏たちの前で、改めて秦酒公を首長と定めます。

結局、殖産豪族であった秦氏の族長が経済力のシンボルになったわけです。秦酒公はこのときの礼として天皇に献上する絹をうず高く積んだため、天皇は驚き感動します。うず高く積んだということで「ウズマサ」と呼ぶようになった、ともいわれています。

それだけ天皇によって秦氏一族が認められていたということです。

また、明治時代の研究家・佐伯好郎《よしろう》氏は、「秦氏がユダヤ人ならば、ヘブライ語を知っていたはずである。自分たちの首長に対して、民族の原語であるヘブライ語の称号を贈ったとしたら、これほど納得のいく説明はない」といっています。

どういうことかというと、佐伯氏は「ウズマサ」を「ウズ」と「マサ」に分解し、「ウズ」はヘブライ語で「光、東、文化、開化」、「マサ」は「貢物、賜物」であると解釈しました。古代ローマ帝国を意味する「大秦（太秦）」に、「光の賜物」を意味する「ウズマサ」という読みを当てたというのです。

実は「ウズマサ」には「ローマ」という意味もあります。西の文化は、東のことを光、文化、開化の意味で使っていました。「光は東方より」という言葉がありますが、これを「ウズマサ」という言葉で示しているというわけです。

二章で書いたとおり、ユダヤ人たちはローマを追われ、中国で秦の始皇帝を誕生させ、さらに朝鮮半島を経由して日本に来たわけです。故郷であるローマへの思いが「太秦」にはこもっているということです。

さらにもう一つ、太秦とヘブライ語についての解釈があります。「太秦」という言葉は、

「ウツァ・モリッ・マシャ」というヘブライ語に漢字を当てたという説があるのです。これはヘブライ語で「処刑された救い主」という意味で、救い主とはキリストのことです。「ウツァ」は「命をとられる」「処刑される」、「モリッ」は「遺贈者」「遺言により財産を他人に与える人」という意味だというのです。

秦氏が創建した寺社や神社には、はっきりキリスト教を示すものはありませんが、それにも理由があります。弾圧され続けてきたユダヤ人が備えている用心深さです。つまり、自分たちの実体験の記憶として、キリスト教だとわかると場合によっては弾圧されることがあったため、表さなかったのです。

キリスト教はローマ時代、三三〇年にコンスタンティヌスによってようやく公認されるまで弾圧されていました。常に「殺されるかもしれない」というユダヤ人たちの恐怖は、日本に来ても払拭できなかったと思われます。当時の日本ではキリスト教を迫害するということはありませんが、彼らの心には代々恐怖として刷り込まれているわけです。

ようやく日本で安住することができた彼らの、安堵の気持ちは如何ほどだったでしょうか。

◉「君が代」とヘブライ語

ここまで、太秦とヘブライ語について書きましたが、最後にもう一つ興味深い話を紹介します。

「君が代」とヘブライ語との関係です。「君が代」は奈良時代から平安時代にかけてできた歌ですが、ヘブライ語で読むと「君が代」は「クレムガヨワ」で「立ち上がり神を讃えよ」という意味で、「千代に八千代に」は「シオンの民、神の選民」、「さざれ石の」は「喜べ残された民よ、救われよ」、「巌《いわお》となりて」は「イワオティニラタ」で「神の預言は成就した」、そして「苔のむすまで」は「コルカムジュコマテ」で、「全地に知らしめよ」という意味となるといいます。

こうした解釈が事実だとすれば、ヘブライ語「君が代」が言っていることはまさにユダヤ人にとっての日本に当てはまります。つまり、彼らがこの地の果て・日本に来て神の預言が成就した、それを世界に、あるいは故郷に知らしめよ、ということになるわけです。

とにかく日本が彼らの理想の土地になった、ということを示していると考えられるのではないでしょうか。

二　秦河勝の重要性

◉天皇の夢に現れていた秦河勝

秦氏の出自が秦の始皇帝だということを天皇家も認識していたようで、欽明天皇の逸話がそのことを示しています。その逸話とは、初瀬川《はせがわ》の氾濫により三輪《みわ》大神、大国主神《おおくにぬしのかみ》の社前に童子が流れ着いたというものです。

実は以前、天皇は「吾は秦の始皇帝の再誕なり」「縁有りてこの国に生まれたり」と語る神童の夢を見ていたため、「夢に見た童子は此の子ならん」といって殿上に召したそうです。つまりその神童は、自分で秦の始皇帝の代替わりであることを名乗り出たというわけです。そうして天皇に近づいていったと書いてあります。

欽明天皇は、始皇帝の名に因んで人間として彼に「秦」の姓を与え、初瀬川の氾濫より助かったことから「河勝《かわかつ》」と称したとされます。天皇は、秦の始皇帝の子孫である秦氏の存在を知って、彼らを重んじたのです。河勝が特にすぐれた存在であることを知っていたのでしょう。

秦の始皇帝はその風貌からいっても政治手法からいっても中国人ではない、ということは先に述べました。さらには、非常な富を有していたということからも彼らがユダヤ人であることがわかるといいました。『史記』の話も紹介しましたが、秦氏がこの時代に突出した財力や技能をもっていたため、国家づくりに非常に貢献したのです。

先述したように、欽明天皇は、始皇帝の名に因んで彼らに「秦」の姓を与え、初瀬川の氾濫を助けたことから「河勝」と名前を与えたといいます。「川に勝った」というわけです。

◉秦氏の名を高めた河勝と聖徳太子の密接な関係

秦氏の名を一番高らしめたのが、この秦河勝《はたのかわかつ》です。河勝は飛鳥時代の人で、平安時代より二百年ぐらい前の人ですが、河勝がいたからこそ、天皇家あるいは聖徳太子のような皇族たちが力をもったといえるでしょう。

秦氏はこの河勝を中心として形成され、藤原家と結んで朝廷に参加し、財政に関わっていたことが知られています。前掲した平安時代初期の『新撰姓氏録《しんせんしょうじろく》』でも、秦氏系はいわゆる古墳時代から飛鳥時代にかけて活動する氏族として認識されており、「姓は造《みやつこ》」と書いてあります。

秦河勝

姓は造で、秦丹照は秦国勝の子とする系図で冠位は大花上《だいけじょう》という位でした。その祖先に、先に示した秦の始皇帝という祖先の名前が記されており、ユダヤ人系ということがクローズアップされているわけです。もしそうでなければ、これだけの財力なり技術力をもっていたことの理由が考えられません。

秦河勝は、五章で詳述するさまざまな寺や神社に影響を与えています。京都の太秦（右京区）の中央に位置する有名な広隆寺（別名・太秦寺）は、六〇六年に河勝によって建立《こんりゅう》されました。これは皇太子の命によってつくられました。

『広隆寺縁起』によると、秦河勝が推古十一（六〇三）年に聖徳太子より賜り、推古三十（六二二）年に太子のために皇龍寺を建立したとしています。また、『広隆寺来由記』には、河勝が太子から賜った仏像は「金銅弥勒菩薩像《こんどうみろくぼさつ》」であると書かれています（この菩薩像は、国宝一号に指定されました）。

推古天皇の十一年に太子より弥勒菩薩の半跏思惟像《はんかしい》を賜った河勝が、菩薩像のために太秦に創建したのは蜂岡寺《はちおか》ですが、この蜂岡寺は、広隆寺の前の名前です。またほぼ同時代に、中宮寺に聖徳太子について重要な資料「天寿国繍帳《てんじゅこくしゅうちょう》」を納めています。「天寿国繍帳」とは、聖徳太子について調べるにあたって非常に重要な資料ですが、この制作者は、秦《はたの》久麻《くま》という秦家の人物です。この存在によっても、秦氏がいかに聖徳太子に近いかということがわかります。

◉仏教を受け入れたユダヤ人・秦河勝

太秦の広隆寺の境内には、河勝を祭神とした大酒《おおさけ》神社が鎮座しています。大酒の「酒」は「辟《さけ》」が転じたもので、「境」の意味があるため道祖神を指すといわれています。『広隆寺縁起』には「此神元是所祭石也」とあり、御神体は石であることを指しています。

そして同時期につくられた法隆寺も秦氏によるものでしょう。広隆寺のようにはっきりとした証拠はありませんが、奈良の寺社の創建の大部分に秦氏が関わっているのです。これら仏教の寺を創建したということからも、秦氏が自分たちの宗教であるネストリウス派のキリスト教に執着していなかったことがわかります。

自分たちの宗教を捨てて仏教を支援し、また神社を創建することによって神仏習合という日本の思想の形成に基礎を与えたわけですから、ユダヤ人である秦氏がすでにもうキリスト教を棄教していることがわかります。彼らはネストリウス派、あるいは原始キリスト教でしたが、いずれにせよ日本にはキリスト教を入れる意思がなかったということになります。

仏教を選んだ聖徳太子のそばには、常に秦河勝がいました。聖徳太子を援助し、物部《もののべ》氏と蘇我氏の戦いでも仏教を支持し、蘇我氏系として神道の物部氏を攻撃しました。

その後、天武天皇あるいは聖武天皇まで一貫して仏教を信仰しています。

河勝は神社もつくっていくわけですから、神仏習合も支援し、神社・仏閣の建築に非常に貢献しています。

◉すぐれた軍人としての秦氏

秦河勝の活躍が目立つのは、用明《ようめい》天皇（生年不詳～五八七年）の仏教論議の提起後です。

用明天皇は五八七年に、「朕《ちん》、三宝に帰らむと思ふ、卿等議《いましたちはか》れ」という詔《みことのり》を発しました。つまり、「三宝（仏教のこと）を入れようと思うが、あなたたちはどう思うか」と問われたわけです。

それは、用明天皇自らは仏教を受容したいと決めていたものの、最終的には群臣たちで結論づけるように提案されたということです。

私はこの論議の提起の仕方、つまり天皇が周囲の人たちに議論させるということをしていたことに非常に注目しています。このように自分たちの意見も入れられるとなると、日本人も、あるいは外国から来た帰化人たちも非常に喜ぶわけです。

平安京初期には帰化人たちが全体の三分の一もいたと前に述べましたが、秦氏だけではなく、この時代の朝鮮や中国大陸の外国系、あるいは仏教を支持する人たちの意見に、天皇がきちんと耳を傾けていたということです。その中心的な存在として秦氏がいたということです。

この用明天皇の仏教論議では、秦氏と近い蘇我馬子《そがのうまこ》（生年不詳～六二六年）が仏教を入れることに賛成し、物部守屋《もののべのもりや》（生年不詳～五八七年）、中臣鎌足《なかとみのかまたり》（六一四～六六九年）が反対と意見が分かれ、緊張が生じました。武力衝突に備え、守屋は自邸の「阿都《あつ》」に退きます。穴穂部皇子《あなほべのみこ》（生年不詳～五八七年）を奉じる守屋側と、炊屋姫《かしきやひめ》（のちの推古天皇）を奉じる馬子側との対立が極度に高まり、まず穴穂部皇子が殺害され、武力衝突が発生しました。

蘇我馬子は物部守屋側に攻撃を仕掛けます。このとき聖徳太子が四天王寺、馬子が法興寺（のちの飛鳥寺）をそれぞれ建立して祈願するわけですが、最後の戦いでは、《誓ひ巳《おわ》りて種々の兵を厳《よそ》ひて、進みて討伐《う》つ。爲《ため》に迹《と》見首《みのおびと》赤《いち》檮《ひ》有りて、大連《おおむらじ》を枝の下に射《い》墜《お》として、大連并《あわ》せて其《そ》の子等を誅《ちゅう》す》こととなり、馬子側の勝利となりました。

そのとき河勝は聖徳太子の側近にいて、《士卒《しそつ》の気《き》衰《おとろ》》えたときに、「軍政人《いくさのまつりごとひと》秦河勝」が、《太子を護り奉《たてまつ》》って四天王像をつくることを進言し、太子はその誓った四天王の矢を放ったところ、《賊首大連《ぞくしゅおおむらじ》胸に中《あた》》り、そこを《河勝進みて大連の頭を斬る》ことに成功しました。要するに、太子が四天王の矢を放ったところ賊首大連という物部氏の大将の胸に命中し、そこに河勝が押し寄せて物部の首長である大連の頭を斬ったということで、直接戦ったという証拠を挙げるわけです。

常に聖徳太子の側近として戦っていた功績により、河勝は「軍政人秦河勝」という名前と冠位十二階の第三階にあたる大仁位を与えられたという記事が『日本書紀』に見られます。

矢の当たった物部氏の大将・大連の頭を河勝が斬ったというのは、死を決定的にする行為だとしても、ある意味で残酷さを感じざるを得ませんが、河勝がその後「軍政人、秦河勝」の名で呼ばれる事実は、「いくさのまつりごとひと」であり、「いくさのきみ」として高く評価されたことの証左でしょう。

このように、『日本書紀』には聖徳太子に近い、あるいは天皇家を守る立場として秦河勝の活躍ぶりが書かれています。

これだけではなく、秦一族は政治の中枢にも関わり、大化元（六四五）年の、皇位継承の候補である古人《ふるひと》皇子の「謀反」事件に、蘇我、物部、吉備などの有力氏族とともに加わっているのです。

このクーデター事件は発覚して中大兄によって鎮圧されますが、古人皇子はその子とともに斬られています。そのときの秦氏の一族、朴市《えち》秦造《はたのみやつこ》田来津《たくつ》は、白村江《はくすきのえ》の戦いにおいて大活躍し、戦死しました。つまり、秦氏の一族が軍人として戦っていたことがわかるのです。

◉常世の神をも打ち懲らした河勝

河勝は、民衆にも知られていました。皇極天皇《こうぎょく》三（六四四）年七月、駿河国《するがのくに》の富士川のあたりで、大生部多《おおうべのおお》という人物が長さ四寸ほどの虫を指して、「これは常世《とこよ》の神である。この神を祭る人は、富と長寿が得られる」と述べて虫祭りをすることを勧めました。

その信仰が広まり、都でも田舎でも財産をはたいて「常世の虫」を手に入れ、安置したそうです。そのように常世の虫をみんなが飼いはじめたものの、実際にはなんの利益ももたらしません。「民衆はだまされている」と気づいた河勝は、大生部多を捕まえて懲らしめました。

このことは、偶像崇拝を禁じていたユダヤ人的な秦氏が虫信仰のようなものを許せなかったということでもあるでしょう。日本人であれば、このような昆虫信仰は必ずしも否定されることはありませんが、人々に多大な損失をもたらしたため、秦河勝が処罰したのでした。

そのため当時の人は、「うずまさは　かみともかみと　きこえくる　とこよのかみを　うちきたますも」（太秦は　神とも神と　聞こえくる　常世の神を　打ち懲《きた》ますも）という歌を詠みました。太秦は秦氏のことで、常世の神を打ち懲らしめたので「神の中の神」という評判が立ったわけです。

この「常世の神」信仰が発生した富士川の土地は、東国であり日高見国《ひたかみのくに》の地域にあたります。こうした自然信仰に基づく神道系の信仰は、すでに仏教が入って帰化人系が多くなっていた大和系、関西系からすれば原始的なものに見えたのかもしれません。こうしたことでも、関東と関西の違いがわかるわけです。

仏教にしてもそれ以後の神仏習合にしても、秦氏が入ることによって関西からはじまっていくという文化が強くなっていったのでしょう。それまでは、日本はやはり神道系の関東・東北を中心とした高天原といわれる日高見国の文化が強かったのですが、秦氏が介在して関西の文化に導いていくという役割が見えてくるわけです。

◉猿楽の祖は秦河勝だった

河勝は『日本書紀』には三箇所しか出てこないので、そこから伝記類を書くわけにはいきませんが、中世の世阿弥《ぜあみ》の『風姿花伝《ふうしかでん》』に、「秦河勝が能の文化の祖先である」ということが明言されています。

先に欽明天皇と秦氏の逸話を紹介しました。ちょっと長くなりますが、その続きを見てみましょう。天皇によって大事に育てられた秦勝のその後が『風姿花伝』で語られています。

《日本国においては、欽明天皇の御宇《ぎょう》に、大和国泊瀬《はっせ》の河に洪水の折節、河上から一つの壺流れ下る。三輪《みわ》の杉の鳥居のほとりにて、雲客この壺を取る。中にみどり子あり。かたち柔和にして玉のごとし。これ、降り人《ふびと》なるがゆえに、内裏に奏聞す。その夜、みかどの御夢にみどり子嬰児の云はく、「我はこれ、大国秦の始皇の再臨なり。日域《じちいき》に機縁ありて現在す」といふ。みかどは奇特に思《おぼ》し召し、殿上《てんじょう》に召さる。成人に従ひて、才智人に越えば、年十五にて大臣の位に上り、秦の姓《しょう》を下さるる。「秦《しん》」という文字、「はた」なるがゆえに、秦河勝《はたのかわかつ》これなり。
上宮太子《じょうぐうたいし》、天下《てんが》に少し障りのありし時、神代・仏在所の吉例にまかせて、六十六番の物まねをかの河勝に仰《おお》せて、同じく六十六番の面を御作《ごさく》にて、すなはち河勝に与へ給ふ。橘の内裏紫宸殿《ししんでん》にてこれを勤《きん》ず。天下治まり、国静かなり。上宮太子、末代のため、神楽《かぐら》なりしを、「神」といふ文字の偏を除《の》けて、旁《つくり》を残し給ふ。これ、日暦《ひよみ》の「申《さる》」なるがゆへに、「申楽《さるがく》」と名づく。すなはち、楽しみを申すによりてなり。または神楽を分くればなり》

ここには、世阿弥が能役者として、「申楽」の由来を述べていますが、興味深いのは《神代・仏在所の吉例にまかせて、六十六番の物まねをかの河勝に仰せて、同じく六十六番の面を御作にて、すなはち河勝に与》えたというくだりです。

つまり、飛鳥時代に聖徳太子が秦河勝に、日本の神話の神々と西域の神々の六十六番の面を与え、奈良・明日香の橘の内裏の紫宸殿においてその面を使い「物真似」で舞踊させたところ、天下は治まり、国は静謐《せいひつ》になったといっています。

この、紫宸殿で舞わせたものが「申楽」のはじまりといったのです。聖徳太子は末代のために、〝神楽〟の〝神〟という字の偏《へん》を外し、旁《つくり》を残します。これは暦の〝申〟ですから、〝申楽〟と名づけられました。つまり〝楽しみを申す〟ということです。それ以後、舞楽の面で秦氏が能楽を演じるようになるわけです。このことから、秦河勝を申楽、能楽の始祖とするということを世阿弥が語っているのです。

奈良の正倉院や東大寺に伎楽面《ぎがくめん》が残されていますが、こうした面は秦氏らユダヤ人系と同じような顔をしています。日本人は、はじめから異常な顔貌をした舞楽の面として考えますが、当時はそうした人々が闊歩《かっぽ》していたのではないか、と考えることもできます。『風姿花伝』では、河勝は猿楽《さるがく》の始祖とされ、観阿弥《かんあみ》、世阿弥親子も河勝の子孫を称しました。楽家《がく》である東儀《とうぎ》家などがその末裔を称しており、金春禅竹《こんぱるぜんちく》の立てた金春流も河勝を初世としています。

秦氏は常に天皇家と結び付いて、舞踊や雅楽、申楽などの舞楽といった、音楽や文化の発展に貢献したのです。

伎楽面（東大寺所蔵）

◉日本人として生きた秦河勝

京都市右京区西京極に、かつて川勝寺と呼ばれた寺があり、近くに「秦河勝終焉之地」の碑があります。しかし本当の終焉の地は、赤穂《あこう》の大避《おおさけ》神社のある地です。

河勝は、聖徳太子の死後、皇極三（六四四）年、蘇我入鹿《そがのいるか》（六一一～六四五年）の迫害を避けて海路をたどり、赤穂の坂越《さこし》に着きました。そこで千種川《ちくさがわ》流域の開拓を進め、地元に貢献しました。そののち、大化三（六四七）年に八十余歳で死去したといいます。現存する大避神社は、地元の人々がその霊を祀ったものです。

『播磨《はりま》国総社縁起』によると、大避神社は養和《ようわ》元（一一八二）年に祭神中太神二十四座に列しており、有力な神社であることがわかります。神社正面の海上に浮かぶ生島《いくしま》には、秦河勝の墓があり、神域となっています。大避神社には、河勝公が自ら彫ったたか、聖徳太子から賜ったものとされる、雅楽で使用された千三百年前の蘭陵《らんりょう》王の面が宝物として伝えられています。

秦河勝の行状を見ると、縄文以来の自然道的な日本人に同化しているように思えます。おそらく、聖徳太子との出会いが、河勝にそうした態度をとらせたと考えることができます。

それ以前にやって来た秦氏の一族も、すでに原始キリスト教のような一神教を捨て、日本の神仏習合に帰依したことは確かです。日本人に帰順したことで、かえって日本の神仏習合の精神を助け、その興隆に寄与することが多くなったのです。

特に、八幡神社、稲荷神社、松尾神社など神社の創建において、彼らの力は眼を瞠《みは》るものがあったのです。

第四章　祇園祭とユダヤ人・秦氏

◉祇園祭はエルサレムへの巡礼を意味する？

京都の三大祭といわれる祇園《ぎおん》祭は、代表的な日本のお祭りといっていいでしょう。疫病を鎮めるために行われているとされていますが、単なる疫病や災害から人々を救うためという話ではありません。もっと奥深い、秦氏と関連する歴史があるのです。

祇園祭は京都に鎮座している八坂《やさか》神社の祭礼ですが、八坂神社は明治以前、祇園社といわれていた神仏習合の社で、薬師如来と牛頭天王《ごずてんのう》を祀っていました。薬師如来はもちろん仏教ですが、牛頭天王はもともとインドの神で、薬師如来の垂迹《すいじゃく》です。垂迹とは、この世で低位の神に化身することの意味で、薬師如来の垂迹神がインドの神、牛頭天王ということです。

この牛頭天王が、実はスサノオなのです（五章で詳しく触れます）。日本のスサノオが祀られることによって、はじめて神輿《みこし》や山車《だし》などが用いられる祇園祭となるわけですが、それ以前の形成過程が祇園祭には残っています。

それは、祇園祭の「祇園」はヘブライ語の「シオン」から転じた、という説です。シオンとはシオニズム（イスラエルの地・パレスチナにユダヤ人の民族的拠点を設置しようとする思想・運動）ですから、祇園祭はイスラエルに戻っていくお祭りだった、というのです。故郷を追われディアスポラとなったユダヤ人である秦氏が、故国の祭りを再現しようとしたのではないか、というのです。つまり、中心地エルサレムへの巡礼を擬しており、神輿や山車で祇園社に向かってみんなで巡礼するという意味だというのです。

◉祇園祭はインド経由でイスラエルから日本に来た？

この説で重要なのは、秦氏が「シオン」あるいは「イスラエル」といわずに「祇園精舎《ぎおんしょうじゃ》」という仏教の言葉を使ったことです。日本人は「祇園祭の祇園は、祇園精舎の祇園である」ということで納得していますが、実は祇園精舎もイスラエルと関係があるといいます。「祇園精舎」とは「スダッタ」という尊称、つまりジェータ太子の尊称というのです。

もともと祇園精舎は、ジェータ・ヴァナというインドの修道院、寺院のことを指しており、「聖なる樹林」という意味です。「聖なる樹林」＝「祇園」で、それに「聖なる山シオン」という、インドに渡ったユダヤ人たちの考えが重なったわけです。つまり、神輿や山車で「シオン」に向かって巡礼することと、インドの祇園、聖なる樹林に向かうことは同じ意味なのです。

なぜ同じかというと、実はインドに行ったユダヤ人たちが、仏教を自分たちに合わせてある意味でカスタマイズ、形式化したからです。日本で祇園祭を行ったのと同様です。

インドは日本と同じように多神教ですが、ヒンドゥー教が出てきたことによって仏教が消されてしまいました。ヒンドゥー教は土地に根付いた郷土宗教で、インドでしか信仰できない民族宗教といわれるように、日本の神道と同じようにその国や地域でしか信仰できません。そんなインドに、ユダヤ人たちは商人としてシオンの概念をもち込み、国の形をつくっていったのです。

つまり、インドや日本の文化形成の背景にいたのがイスラエル人、あるいはユダヤ人でした。

◉ヒンドゥー教の大祭と祇園祭との類似

インドではヒンドゥー教の寺院の夏の大祭で、大きな山車を繰り出す風習があります。ラタ・ヤートラという祇園精舎一帯のお祭りです。そうしたインドの風習が、ユダヤ人によって日本までもち込まれて日本のお祭りとなったと考えられます。

インド・マハトマ・カンディー大学などで教鞭を執り、インドに長期滞在した前田行《ぎょう》貴《き》氏が『蓮と桜―日本文化の源流・インド』（蓮河社）で、日本に生きるインドの神々について書いていています。それによるとインドの祭りと祇園祭とでは類似点が多く、夏の大祭であること、山車の形状、民衆が山車を引いて巡行すること、さらには御旅所に一週間とどまるなど、瓜《うり》二つであると述べています。日本の祇園祭の原型を、インドの祭りに見られるわけです。これは昔からある、イスラエルに向かう巡礼者の祭りを模したものだといえるでしょう。

イスラエルからインド、インドから日本という秦氏の足跡を考えると、祇園祭は必ずしもインドの真似ではなく、イスラエルのユダヤ人のイスラエル巡礼が反映しているといえます。

しかし秦氏は日本化し、ユダヤ人という意識が消え、祇園祭や神社が残った。一方インドの場合、基本的にイスラエルのままの様式で今日に至るわけです。

いずれにせよ、アジアにおける祭りの形式化、華麗な演出はユダヤ人がお金を出していたため、豊かさを基本に豪華な祭りになったと考えられるのです。

◉ノアの方舟と祇園祭との関係

また、祇園祭は『旧約聖書』の「創世記」に出てくるノアの方舟《はこぶね》と関わりがあるという説もあります。

日本は四方を海に囲まれていることもあり、船は重要です。日本では移動や巡行も常に船で行われていましたが、それがノアの方舟と結び付くわけです。

「記紀」では、葦船《あしぶね》、天鳥船《あめとりのふね》、天磐船《あまのいわふね》など、船が非常に重要視されていますが、その理由は、鹿島から鹿児島への天孫降臨が船団で行われたからだと私は考えています（詳しくは勉誠出版の拙著『高天原は関東にあった』を参照ください）。つまり、神は天から降りてきたのではなく、人だったということを示しています。これは関東・東北の高天原にいた東の勢力・天津神《あまつかみ》から西の勢力・国津神《くにつかみ》へと権力が移ったということです。

そしてスサノオは高天原から追放され出雲《いずも》という外界に移りますが、その移動も船で行われた可能性があります。さらに鹿島から鹿児島へ、あるいは伊勢などに行くにも船で東海を伝って、名古屋伊勢に渡っているわけです。

ではノアの方舟はどうでしょう？「創世記」によると、神との契約を守って暮らしていたノアの一族だけが方舟に乗ることによって大洪水から救われます。さらにイスラエル人は「三種の神器」の入っている「契約の箱（アーク）」のことを「舟」と呼んでいます。したがって方舟に乗るということは、三種の神器を運ぶことでもあるわけです。

このような洪水伝説は、イスラエルに特有なもので、日本にはありません。ですから、「船」という特徴だけが模倣され、日本の山車となっていると考えられます。神聖な祇園祭の箱状につくられた山車も、船を想定しています。

インドやイスラエルの人たちの文化や思想をダブらせながらも、日本ではその意味がすっかり消えてしまい、形式だけが「祭り」として残ったわけです。インド経由で入ってきたイスラエルの祭りの形式である、ということを認識することで、はじめてその類似性が理解できるのです。しかし現実には、そうした背景を意識しないまま祭り（＝八坂神社・祇園社に向かっての巡礼）を行っているわけです。

◉山鉾に施された模様はヨーロッパのタペストリーが元

もう一つ、祇園祭のピークが七月十七日である理由も、ノアの方舟が関わっているといわれています。再び「創世記」を見てみましょう。洪水は四十日間続き、水は百五十日間勢いを失わなかったと記されていますが、ノアの方舟がアララト山（トルコ）に到着したのが七月十七日でした。祇園祭も七月十七日がクライマックスを迎えますが、それはこの伝説を意識しているというわけです。

私もアララト山に行ったことがありますが、標高約五千メートルもある、富士山のように立派な山で、中東の山のシンボルとして崇敬されています。

　このように考えると、祇園祭は『旧約聖書』のイスラエルの話やインドの祇園精舎の祭りの影響が見られる、といえるわけです。

　また、祇園祭の山鉾《やまぼこ》には、ディテールまで細かな模様があしらわれていますが、そこには意外なことに西欧のものが記されています。これにはさまざまな説があり、江戸時代に日本に入ってきた宣教師や南蛮文化の影響であるとか、支倉《はせくら》使節がスペインやイタリアに行った際にもってきた西洋の品々の影響である、などというものです。しかし私は、秦氏がもち込んだタペストリーではないかと考えています。

　シルクロードを渡ってきた秦氏が、ペルシアの絨毯《じゅうたん》やコーカサスの織物などをもってきたのではないでしょうか。フランスのゴブラン織りやベルギーのタペストリーなども、商人として扱っていた可能性があります。

　おそらく、そうした模様や柄を山鉾に張りつけたのではないでしょうか。それらを見ると、まるで世界のいろいろな図像の展覧会を開催しているかのようです。ローマからシルクロードを通ってきた秦氏は、そのような世界各国のモチーフを知っており、日本へもそ

祇園祭の山鉾巡行

祇園祭鯉山の西洋風装飾

うした織物を供給してきた秦氏の部隊がいたというわけです。

また、商人としてのみならず、秦氏はもともと機織りに長けていました。京都は西陣織など織物技術が発達していますが、錦織、つづれ織り、唐織、綾織などは秦氏がもたらした可能性があります。

◉ユダヤ人・秦氏は消えて祭りの形式だけが残った

その秦氏ですが、平安京建都を境に歴史の表舞台から姿を消します。重職を退き、京都以外の都市に移っていきますが、秦氏は歴史に名を留めることを避けたようなのです。

本書でこれまで述べているような雄略天皇の頃の関係性を考えれば、地位を得ようと思えばできたはずです。しかし、いくら莫大な富をもっていたとしても、結局は少数派です。ヨーロッパでも王家に入ったユダヤ人はいますが、結局少数派であることに変わりはありません。

現在でも、ユダヤ人は千四百万人くらいだといわれています。少数であることが彼らのネックになっているのです。どうしても人口が増えません。おそらく、他の民族と同化してユダヤ人という意識が自然に消滅したり、あるいはユダヤ人であることを自ら捨てるということがあるからだと思われます。秦氏など日本のユダヤ人の場合、特に日本人と同化することによって、元の自分たちの姿を消していくという傾向が非常に強いのです。

大勢のユダヤ人が日本に流れ、秦氏のようにさまざまな活動を行ったにもかかわらず、その形跡や物語を伝える文献がないのはそのためだと考えられます。

ユダヤ人はほかの国では「ゲットー」という隔離地域に閉じ込められ、そこにユダヤ教の寺院をつくったりしますが、日本はそうなっていません。それは、別の人種、民族だということがわかることを、極力避けたからではないでしょうか。

私は、ユダヤ人は日本で初めて同化に成功したと考えています。同時に、個々人のユダヤ人的な気質は日本全体に散っていったのです。「鬼」「天狗《てんぐ》」あるいは「山人《やもうど》」などの稀《まれ》人《びと》となったり、あるいは芸能民として同化したのです。こうした同化は、実は世界のユダヤ人たちの特徴でもあります。他民族のなかに「同化しているようでいない、いないようでいる」（ベロック『ユダヤ人』一九二二年）という、彼らの性格なのです。

日本人とは異なる、鞍馬《くらま》の天狗や能の翁《おきな》のような異様な顔、異様な姿で特別視されているということはありますが、「秦氏」という共同体は残っていないため、完全に存在そのものが消えてしまったのでしょう。

これは彼ら特有のやり方だと思います。本来、彼らは日本以外ではディアスポラとして差別されるわけです。ところが、日本人はいっさい差別しなかったため、結局同化し、自分たちのユダヤ人意識も薄れていったのでしょう。

私はここに、日本の民度の高さ、日本人の知性を感じます。閉鎖的だとされる島国であっても、歴史を見れば渡来人たちを受け入れていますし、渡来人たちも日本に溶け込み、潜在化していっています。そうしたことによって、より広い知識、より広い視野が日本に入ってきたわけです。

イスラエルの巡礼が形を変えた祇園祭がいまだに続いているのも、それと同じでしょう。神社や祭りなど形式として残っていくもののなかに文化や思想を託し、継続させていったということなのだと思います。そのため秦氏、日本のユダヤ人は他の国とはまったく違う存在となっていったのです。

第五章　秦氏と京都の寺社

◉京都の寺社と秦氏との強い結び付き

平安京遷都後、実に多くの神社が創建されました。このことには、平安京遷都によって、仏教にあまりとらわれない、新しい、日本らしい神道の国をつくろうという桓武天皇の意思が感じられます。

天皇の意思に呼応し、八坂《やさか》神社、伏見稲荷大社、松尾《まつのお》大社などを創建したのが秦氏でした。さらには祇園《ぎおん》祭や牛祭、岩清水祭、葵《あおい》祭など、さまざまな祭りで人々を楽しませ、喜ばせることによって、人々の神社に対する、あるいはその土地に対する信仰を、より深めていくことになりました。そして仏教も、神仏習合により神道に近づいていきます。

そうした背景をもつ平安京は、日本らしい都であると同時に、自然に対する強い帰依をもつという意外な一面を見せてくれています。多くの土地を所有していた秦氏は、その技術と財政力で、神道を盛んにするために平安京、太秦《うずまさ》を中心とし、嵐山なども含めた、京都の発展のために多くの貢献をしました。それがきっかけで、京都が活気に満ちた都になっていったのです。

私は美術を専門にしているわけですが、仏像美術の観点からは、四天王、十二神将、釈迦像、あるいは菩薩像の柔和な姿以外に、非常にバラエティに富んだ西欧人の顔が仏像としてつくられていることに重要な意味があると考えています。

本章では、京都のさまざまな神社の成り立ちやそこで行われている祭りについても見ていこうと思います。太秦の牛祭に出てくる、鬼のような面をつけた四天王の姿などは、明らかにユダヤ人の容貌を思わせるものです。

一　八坂神社と祇園祭

◉八坂神社の社伝

京都の祇園祭の総本山・八坂神社（祇園社）には、スサノオが八坂神社系の全国の鎮守社の御祭神として祀られています。

八坂神社の「社伝」によると、斉明《さいめい》天皇二（六五六）年に高麗より来朝した使節の伊利《いり》之《し》が、新羅国の牛頭《ごず》山に座したスサノオノミコトを、山城国の愛宕《あたご》郡八坂郷に奉斎したことにはじまると書かれています。

『日本書紀』においても伊利之が来朝し、スサノオが御子《みこ》の五十《いそ》猛神《たけるのかみ》とともに新羅国の曽《そ》戸茂梨《しもり》に降りられたことが書かれており、『新撰姓氏録《しんせんしょうじろく》』の「山城国諸蕃《しょばん》」の項にも、渡来人「八坂造《やさかのみやつこ》」について、その祖を「狛国人《こまのくに》、之留用麻之意利佐《しるつまのおりさ》」と記しています。この「意利佐」と、先に記した「伊利之」は同一人物と考えられています。伊利之の子孫は代々八坂造となるとともに、日置造《へきのみやつこ》などの子孫は繁栄したといいます。

スサノオが新羅に「降りた」という『日本書紀』の記述は、スサノオが朝鮮系というより、秦氏と同様、新羅を経由してきた西方系氏族の一員だったからだと考えることができます。

八坂神社の「社伝」では、元慶元《がんぎょう》（八七七）年に疫病が流行したため占ったところ、東南の神の祟《たた》りとされました。そのため、各社に祈り奉幣《ほうへい》が行われましたが、いっこうに治まりません。さらに占ったところ、東山の小祠《しょうし》の祟りとわかり、勅使を派遣、祈ったところ疫病の流行がやんだといいます。

これが祇園社の発展の契機となり、わずか二年後の元慶三（八七九）年には陽成《ようぜい》天皇より堀川の地十二町が神領地として寄進され、また同地の材木商人三百六十人は神人に補せられ、経済的基盤が早くも確立したとされています。

円融《えんゆう》天皇（九五九～九九一年）は、天延《てんえん》三（九七五）年六月十五日に走馬《はしりうま》・勅楽《ちょくがく》・御幣《ごへい》

を奉られ、これ以後、祇園臨時祭が六月十五日に執行されるようになったと考えられています。

◉祭神はスサノオと牛頭天王

インドの祇園精舎で守護神として祀られているのが「牛頭《ごず》」です。このインドの牛頭天王が日本に伝来した際、「両部神道《りょうぶしんとう》」的な思想に則って、いつしかスサノオに乗り移り、それが厄除《やくよ》けの神へと進化し、その結果、元来スサノオを祀っていた祇園社においても牛頭天王が祀られるようになったとされています。

しかし、スサノオがなぜ、このようなインドの牛頭天王と結び付いたのかは釈然としません。牛頭天王がインドの祇園精舎の守護神であるということが、スサノオとは直接結び付かないのです。

私はこれまで、スサノオが日本の皇統の神々と異なる行動をすることに注目し、そこに大陸西方の遊牧民族系の影響があることを論じてきました。古墳時代の墳墓から多数の馬の埴輪とともに、多数のユダヤ人埴輪が出土していますが、それらと関係するはずです。

牛の頭を崇める風習は、イスラエルのカナンの地に存在します。それはユダヤの民といわれる弓月国《クンユエ》の人々の、一万八千人ほどの移民などによってもたらされた、秦氏の風習ではないでしょうか。彼らが秦氏を形成し、八坂神社の建立《こんりゅう》者の秦氏であるなら、その関連がより明確になります。

「牛頭」は「ゴズ」と読みますが、ヘブライ語でも「GZL」の子音をもち、ガザラもしくはゴゼルと発音されるそうです。この言葉の意味は「略奪」であるといいますが、スサノオの行状の一つを示すものではないでしょうか。

秦氏として日本に帰化した、彼ら西方由来の人々の性格を明らかにしている記述が「記紀」にあります。「略奪」は故郷なき流浪民にとって、戦いの一つの形態です。彼らは略奪しますが、また略奪され返すという歴史をもっています。ユダヤ研究者によると、ユダヤの救世主のイザヤの子、イマニュエルは「マヘル・シャラル・ハシュ・バズ」と名付けられましたが、その意味は、「急いで略奪し、速やかに捕獲するもの」だといいます。

私はヘブライ語に詳しくありませんが、「略奪」という言葉に対する研究者の考察には真実性があると思います。イスラエル北王国の滅亡（紀元前七二二年）を予言したイザヤは、アッシリアの大軍によって滅びるという段になって、家族や大勢のイスラエルの民とともに国を脱出しました。その子に「略奪」を使命とする名前を付けたのです。この恐ろしい名前は、略奪しなければ生きられないという悲劇性を抱えた民族の救世主の運命をよく示しています。

そして彼らが日本にたどり着いたとき、もうその「略奪」を必要としない風土で、まさに『旧約聖書』の「申命記《しんめいき》」にある《あなたの先祖たちも知らなかった木や石、ほかの神々に仕える》ユダヤ人となるのです。

スサノオがヤマタノオロチを殺し、そこから出てきた草薙剣《くさなぎのつるぎ》をアマテラスに献呈する心情は、《あなたの先祖たちも知らなかった》自然神の国に同化していく姿を示しているといえるでしょう。

◉秦氏とスサノオの関係とは

スサノオに牛頭（ゴズ）＝略奪の名を与えたのは、ユダヤ人たちが秦氏となって日本に定着したあと、自分たちの長い闘争の歴史に、スサノオの行動を記すことによって終止符を打ったのではないかとさえ思えます。

「牛頭天王」は仏教の「祇園精舎」を守る天王として知られています。『祇園牛頭天王御縁起』によると、本地仏は東方浄瑠璃世界（東方の浄土）の教主、薬師如来であるとしています。しかし、彼は十二の大願を発し、須弥山《しゅみせん》中腹にある「豊穣国」（日本のことか）の武荅《むとう》天王の一人息子として垂迹《すいじゃく》（仏や菩薩が神の姿になること）した、と述べています。

この一人息子の太子は、七歳にして身長が七尺五寸（約二・二メートル）あり、三尺（約九十センチメートル）の牛の頭をもち、三尺の赤い角があったといいます。醜かったせいで妃を娶《めと》ることもできず、酒浸りでした。憂さ晴らしと狩りに誘われ、出会った鳩がいい娘のところに案内するというので、旅に出ました。

そのとき、長者である古単将来《こたんしょうらい》に宿所を求めましたが、慳貪《けんどん》な古単はこれを断ります。それに対し、古単の兄である蘇民将来《そみんしょうらい》は貧しくても歓待して宿を貸し、粟飯を振る舞います。蘇民のもてなしに感謝した牛頭天王は、願い事がすべてかなう牛玉を蘇民に授けたため、蘇民は富貴の人となったといいます。

鵜の案内により龍宮へ赴《おもむ》いた牛頭天王は、そこの娘を娶り、八年を過ごして八王子（八人の王子）をもうけます。こうして妃を得た天王は、豊穣国に戻る途中、八万四千の眷属《けんぞく》（親族・同族）を差し向け、古単への復讐を図ります。古単は千人もの僧侶を集め、大般若経《だいはんにゃきょう》を七日七晩にわたって読経させましたが、法師の一人が居眠りしたために失敗し、古単の眷属五千余はことごとく蹴り殺されたといいます。

牛頭天王の、仏僧を千人殺害し、その眷属五千余を蹴り殺すというこの行状は、農耕民の多い日本人的ではなく、大陸的な遊牧民族的なものです。それはスサノオの行状に似ているところがあります。そこにこの二神の同一化があるのでしょう。

この殺戮《さつりく》のなかで、牛頭天王は古単の妻だけを蘇民将来の娘であるために助命して、《茅《かや》の輪をつくって、赤絹の房を下げ、「蘇民将来之子孫なり」との護符を付ければ、末代までも災難を逃れることができる》と除災の法を教示したとされています。

先述したように、スサノオが御子の五十猛神《いそたけるのかみ》とともに新羅国の曽尸茂梨《そしもり》に降りたことは、ともに『日本書紀』に記されており、『新撰姓氏録』の「山城国諸蕃」の項には渡来人「八坂造」について、その祖を「狛国人、之留用麻之意利佐《しるつまのおりさ》」と記してあります。この「意利佐」と先に記した「伊利之」とは同一人物と考えられています。伊利之の子孫は代々、八坂造となります。

八坂神社が秦氏の創建であるという隠された事実は、牛頭天王とともにスサノオに関する新羅や狛国といった国の名が朝鮮そのものではなく、羅、狛の漢字の原義と関連します。朝鮮、中国ではない西方の人々がやって来ていたのです。すでに述べたように、朝鮮半島は大陸人の廊下であり、西方の人々の、日本という「太陽の昇る国」に向かう最終の土地にあるのです。

◉天皇、貴族、武家など多くの日本人の信仰が集まる

また、祇園社は代々摂政家の藤原氏の崇敬もあつく、藤原基経《ふじわらのもとつね》（昭宣公：八三六～八九一年）は、その邸宅を寄進し、感神院《かんしんいん》の精舎としたと伝わっています。かの藤原道長（九六六～一〇二七年）もたびたび参詣し、藤原氏全盛時代の中心人物からの崇敬は、感神院

の精舎の地位をさらに高めていきました。

円融天皇は、天延《てんえん》三（九七五）年六月十五日に走馬・勅楽《ちょくがく》・御幣《ごへい》を奉り、これ以後、祇園臨時祭が六月十五日に継続執行されるようになりました。このように京都の人々は、秦氏の提供する祭りの造形性に、親しみと敬愛の念を抱いてきたのです。

元来、日本人は農耕の季節の変化とともに祭りを行っていました。しかし、祝祭の形式を破ってまで舶来のバンカラを好む日本人の性質に、同化したユダヤ人の姿を見ることができます。今もキリスト教徒は一パーセントもいないのにクリスマスや結婚式を楽しむように、同化民族の祭典を真似ることで、遠く西方大陸からやって来た祖先に敬愛の念を示しているのでしょう。

長徳《ちょうとく》元（九九五）年には、八坂神社の前身の玉城鎮護《たまきちんご》の一社として崇敬されており、延《えん》久《きゅう》四（一〇七二）年三月二十四日には後三条《ごさんじょう》天皇（一〇三四〜一〇七三年）が行幸されました。当社への天皇行幸の最初であり、それ以後、天皇・上皇の行幸は続けられたのです。

感神院または祇園社と称していた八坂神社の前身は、平安貴族だけでなく、武家の崇敬も受けていました。平清盛（一一一八〜一一八一年）の田楽奉納、源頼朝（一一四七〜一一九九年）の狛犬奉納、また足利将軍家にも社領の寄進・修造が引き継がれたことが、境内を歩いてみればよくわかります。将軍家代々が社務執行も祈祷も務めたといいます。

豊臣秀吉（一五三七〜一五九八年）は母大政所《まんどころ》の病気平癒《へいゆ》を祈願し、消失していた大塔を再建するとともに、一万石を寄進しています。戦国期に荒廃した当社の再興を行ったのです。江戸時代には徳川家も当社をあつく信仰し、家康は社領を寄進、家綱は現存する社殿を造営、数多くの神宝類も寄進したと「社伝」は伝えています。

そして慶応四（一八六八）年五月三十日に神祇官たちにより八坂神社と改称されるまで、感神院または祇園社と称していました。さらに明治四（一八七二）年に官幣中社に列格、大正四（一九一五）年には国にとって重要な官幣大社に昇格しました。

このようなかたちで、京都のスサノオ信仰は保持されたのです。一方で、スサノオを主神とする氷川《ひかわ》神社は関東を中心としてあります。東京都、埼玉県では約二百八十社もあり、関東でもスサノオが崇敬されていたことがわかります。まさに「高天原」のアマテラスの弟神の存在で、埼玉県の大宮氷川神社を総本社として祀られています。

日高見国で愛された神として、いまだに信仰があついのです。武蔵国の一宮《いちのみや》として、旧官幣大社であり、宮中で四方拝《しほうはい》をもって遥拝されています。

二　伏見稲荷大社

◉秦氏が建てた「伊奈利社」

稲荷《いなり》神社は、京都の代表的な神社で、近畿地方では社寺の初詣で最多の参拝者を集め、八幡神社と並んで全国に三万社以上ある神社です。

稲荷山の神は山の神として古くから信仰されていましたが、伏見神社の総本山、伏見稲荷大社の創建には秦氏が大きく関わっています。秦氏が社殿を建て、「伊奈利社」として祀ったのです。

奈良時代初期の『山城国風土記』は、なぜ「イナリ」と呼ぶのか、その由来を語っています。

すでに秦忌寸《はたのいみき》など大勢の秦氏が京都にいましたが、その遠い祖先である秦伊呂具《いろぐ》が稲作をして裕福な生活を送っていました。ある日、伊呂具が米でつくった餅を的として矢を射ったところ、その餅が白鳥に変わって飛び立ち、神社のある山に降りて稲が成長したため、「稲成」から「稲荷」という名が付いたということです。これが伏見稲荷大社のはじまりであると『山城国風土記』には書かれています。

ちなみに、餅を的にしたという話は『豊後《ぶんご》風土記』にもあり、豊国には古来、多くの秦氏が住んでいたため、秦王国と呼ばれていたといいます。

『山城国風土記』の記述から、秦氏が山背国紀伊郡深草周辺に住んでいたことがわかりますが、稲荷神社の主家の大西とは秦氏のことです。大西（秦氏）の系図も、そのことを語っています。天平神護元《てんぴょうじんご》（七六五）年、秦大津父《はたのおおつち》が稲荷明神に鎮座して禰宜《ねぎ》（宮司）になりましたが、同一人物が和銅《わどう》四（七一二）年、賀茂県主《あがたぬし》にもなっていることが記されています。

稲荷神社の社伝によると、当時は全国的な天候不順で、作物の不作が続いていました。しかし勅使を名山大川に送って祈願させると、山背国の稲荷山に大神を祀ることを勧められたそうです。それを実行したところ五穀豊穣となり、国が豊かになったと伝えています。

漢字の「稲荷」は、稲の魂を担っているという意味にもとることができます。つまり、豊穣を表しているのです。そのため、今では稲ばかりではなく、漁業など大漁祈願など、さまざまな糧、多くの利益を望む人々に祈られています。ですから、会社の神棚はだいたい稲荷神社なのです。

また、天長《てんちょう》四（八二七）年、淳和《じゅんな》天皇（七八六〜八四〇年）が病に侵されたため占うと、東寺の塔を建てるために稲荷山の木を伐ったことの祟《たた》りだということとなり、役人が派遣され、それまで秦氏の神社であった稲荷大神が初めて公共の神社になって、従五位下の神階を与えられました。それ以後、京の人から「巽《たつみ》の福神」（東南方向の福の神）と呼ばれて崇敬を集めたといいます。

これが稲荷神社のだいたいの由来ですが、稲荷神社では、稲荷山に神が鎮座した和銅四（七一一）年に初午《はつうま》大祭をはじめました。今日の稲荷祭もこの頃はじまったとされ、今も続いています。稲荷神のお出でを神幸祭《じんこうさい》として、旧暦三月の午の日に、また、稲荷のお旅の日として、旧暦四月上旬に還幸祭《かんこうさい》を開いていますが、京都のお祭りとしては大変古いものの一つだそうです。

◉外来語だった「伊奈利」

『山城国風土記』によると、「イナリ」の表記はもともと「伊奈利」という字を当てていました。この「伊奈利」は万葉仮名で、漢字ではありません。万葉仮名で書くということは、「これは外来の言葉である」ということを示しているわけです。外国の言葉を使うことで、わざと日本人ではなかったということを強調したと考えられます。

また、ある学者は「異也」と解し、「大和民族によって征服された異民族のことである」と考えています。「異也」、つまり異なる人たちというわけで、秦氏が渡来人だということを指しているのです。このことから、稲荷神社は当初、異なる神社、異なる人の神社という意識があったと考えられます。

『類聚国史《るいじゅこくし》』(八九二年完成)という資料で、淳和天皇の天長四(八二八)年に「稲荷」という表記が用いられていますが、この表記を使ったのは空海(弘法大師:七七四~八三五年）だとされています。空海が八二三年に京都に東寺を建てたとき、不思議なことが起きたということが伝えられています。

空海が奈良で修行していたある夜、不思議な老僧がやって来ます。その僧は実は神道の神の「老翁」というおじいさんです。老翁は空海に「あなたは立派な人なので、私の弟子にしてあげよう」というようなことを言いますが、空海はすでに東寺の僧でしたから断ります。すると七年後に、再びその老人がやって来て東寺の守り神になったというのです。その老人が稲荷大神、稲荷神だったという言い伝えがあり、稲荷大社の由来を示しているそうです。

◉「イナリ」とは「ナザレのイエス、ユダヤの王」か

聖書研究家の古澤三千夫氏と弟の晋三郎氏は、「イナリ」の語源が秦氏の祖であるユダヤ人原始キリスト教であることに着目しました。そして、稲荷神社の「稲荷」とはヘブライ語の「ナザレのイエス、ユダヤの王（ＩＮＲＩ）」から来ているのではないか、という

説を唱えました。

イエス・キリストの磔刑図《たっけいず》には、そのほとんどに「ＩＮＲＩ」（インリ）と書かれています。これは「Iesvs Nazarenvs Rex Ivdaeorvm」（「ナザレのイエス、ユダヤの王」）を縮めた言葉です。ラテン語はＩとＪが可換なため、場合によってはIesvsがJesvs、IvdaeorvmがJvdaeorvmになったりしますが、それがイナリではないかと古澤氏はいっているのです。つまり、ネストリウス派として秦氏がキリスト教をもってきたというわけです。

さらに、稲荷神社の鳥居が赤いのはキリストの血の色だという解釈もあります。

このような説はあるものの、秦氏の一族は神社を使って日本人をキリスト教化しようという意図はもっていませんでした。ただ、秦河勝が建てた広隆寺には朝鮮から来た弥勒菩薩が鎮座しているわけですが、ここにはもともとネストリウス派の拠点として信仰を広めようとした可能性があります。広隆寺が何度も焼けたためその痕跡はありませんが、近くの木嶋坐天照御魂神社《このしまにますあまてるみたま》には正三角形の鳥居があるなど秦氏らしい雰囲気があります。そこにはネストリウス派への執着が感じられるものの、今はキリスト教的な痕はありません。

秦氏はそうしたキリスト教の建造物ではなく、かなりの数の神社を創建したのです。

◉キリスト教を根付かせることを断念した秦氏

稲荷神社には『山城国風土記』などに書かれていること以外にも、秦氏たちの果たせなかった日本のキリスト教化への夢が込められているといえるでしょう。

私は、このような解釈は不思議ではないと思います。なぜなら、秦氏が大陸から多くのものをもってきたことは確かですから、キリスト教的思想、考え方を日本に植え付けようとしたことは十分、考えられるからです。

たとえば聖徳太子にも、「厩戸皇子《うまやどの》」という、キリストと合致する話があることでもわかります。しかし聖徳太子は立派な仏教の信仰者ですし、同時に太子自身、天皇家の皇子ですから神道の祭祀者でもありました。

つまり、秦氏はキリスト教を日本に入れようとしたものの、入る余地がなかったのです。このことがその後の日本の文化を決めたのです。日本の思想の源流は「縄文精神」と「やまとごころ」ですから、西洋のキリスト教が入る余地はなかったのです。

「記紀」に書かれているような自然信仰、天皇家を中心とした社会に別の神をもち込むのは不可能だということに、秦氏は気づいたのでしょう。そのため秦氏は、逆にしっかりとした日本の思想体系の中に入り込み、それを強化するという、非常に知恵の深い思慮で日本に定着したのです。

◉自然信仰に溶け込んでいった秦氏の信仰心

イスラエルからシルクロードを経て日本までやって来たユダヤ人たちは、各地に居つきました。弓月国から朝鮮半島を経由して日本にやって来ました。朝鮮半島にも多少はとどまりますが、そのほとんどが日本にやって来たように思われます。

伏見稲荷神社は「ＩＮＲＩ」という言葉のみならず、日本の伝統的な自然神、植物神の信仰ということからも、イスラエルと結び付いているといえそうです（「鳥居」はヘブライ語で「門」という意味だそうです）。

それは、日本が福音の土地であるという情報があったからでしょうし、ユダヤ人たちが一神教の前は太陽信仰だったからということもあるでしょう。日本に住み着くことで、一神教から以前の太陽信仰になったということで、それはつまり一神教を捨てるというより、それ以前に戻ったわけです。それが、彼らが日本に居つく大きな要因になったのではないでしょうか。

稲荷神社が自然信仰で、自然の中で労働するということが彼らの性質にぴったりと合っていたわけです。天照大神《あまてらすおおみかみ》が稲を耕作していたと「記紀」にもはっきり書いてありますし、高天原で一番重要なのは、そこで稲を耕作していたことです。現在でも新嘗祭《にいなめさい》で天皇が皇居で稲を植えられますが、結局、そういうことが日本の文化、日本の宗教につながっているのです。

稲荷神社を秦氏や荷田《かだ》氏、大西氏など帰化人たちが支えたのは、まさに日本の文化、日本の宗教への思いがあったからでしょう。

◉マナと宇迦之御魂神、二柱の食物神

空海の後援を得て広まったのが、神仏習合です。明治以降、神と仏を分離する方向になったので、神社と仏閣とは違うということを我々は何となく意識し、区別しています。しかし以前はこの二つが常に一緒だったことは、中国から来た密教を教えた空海の信仰がもともと稲荷信仰に近い自然信仰だったことからもわかります。

空海は、中国で僧侶から密教を受け継ぎ、日本で新たな仏教を開きました。その本山が高野山であり、京都の東寺ということになっています。空海の考え方の基本は、やはり自然信仰なのです。

「空海」という名自体、単なる仏教の「空」ではない、「空」と「海」という日本の自然信仰からきているのです。

天土《あめつち》という意味からも、空海が京都の秦氏の新しい風土、神仏習合を推進したと見ることができます。それがその後もずっと続いていくわけで、稲荷信仰とは日本の最も基本的

なものなのです。

また、稲荷といえば狐《きつね》ですが、狐も動物ですから自然信仰の一つといえるでしょう。また、稲荷神社の祭祀王・稲荷大明神は、食物神の宇迦之御魂神《うかのみたまのかみ》といわれる稲魂です。「記紀」において食物神は天照大神です。天照大神は天孫の瓊瓊杵尊《ににぎのみこと》を降臨させ、高天原で天照大神が稲を耕作していました。地上に稲を与え、稲穂をつくっていたということで、天照大神が稲の神なのです。

このことも稲荷神社が大きくなった一つの要因でしょう。お稲荷さんが天照大神ということで、伊勢神宮では天照大神の食事係である豊受大神《とようけのおおかみ》が古代の日本の食物の神として敬われることになるのです。

イスラエル人が荒野をさまよったときに、ヤーヴェという神が天からマナという食物を降らせました。このヤーヴェも、マナという食物神でした。これがマナの壺や三種の神器を通じ、稲荷大明神とつながったというように、キリスト教と結び付けて考えている学者もいます。

◉秦氏の政治的野心は神社創建に向かった

桓武天皇が平安京を創建したあと、二人の知識人に平安京を続けるべきかどうかを尋ねました。平安京は唐の長安を模して、あるいはペルシアや中東の大都市を手本に、碁盤の目のような巨大都市をつくろうとしたわけです。それは、秦の始皇帝のときの長安をも反映していたのです。

しかし山に近い都の左京だけに都市機能が偏り、西のほうは人が住まず田んぼになるなど、西洋あるいは中国の都市の状況と合わない都市が出来上がりました。

こうした無理な都市設計は秦氏がもち込んだわけですが、桓武天皇が延暦《えんりゃく》二十四（八〇五）年に摂政関白と藤原氏の識者に平安京を続けるべきかやめるべきかを問うたのです。藤原氏がやめるべきだと献言したことによって、平安京建築を中断してしまいます。日本の風土に合わない建築を無理に行ったことも関係があるでしょう。

それからもう一つやめたことがあります。征夷大将軍の坂上田村麻呂《さかのうえのたむらまろ》（七五八〜八一一年）の軍隊を東北に派遣することも、費用がかかるためにやめることにしました。

東北地方のアテルイは実は秦氏でしたから、決して抵抗しません。田村麻呂は「彼らに任せていい」と言ったくらいですから、わざわざ征服する必要はなかったのです。そういう判断で、桓武天皇が二つの中止を決意されたわけです。

そのためその後の秦氏は、神社仏閣をいかにつくり上げるという方向にエネルギーを注ぎました。彼らの富と土木建築の技術を神社仏閣に注ぎ込んだため、京都のみならず全国に秦氏に関係する神社が建てられたのです。

三　上賀茂神社・下鴨神社と葵祭

◉秦氏とゆかりの深い賀茂氏

平安京以前の賀茂《かも》神社といえば、上賀茂《かみがも》神社の一社だけでしたが、天平勝宝《てんぴょうしょうほう》二（七五〇）年頃に下社《しもしゃ》が建てられました。

賀茂《かも》別雷《わけいかづち》神社（上賀茂神社）と賀茂御祖《みおや》神社（下鴨神社）の祭神は、上賀茂神社が賀茂別雷神、下鴨神社が玉依姫《たまよりびめ》と賀茂建角身命《たけつぬみのみこと》（八咫烏《やたがらす》とも呼ばれる）です。

賀茂社の祭祀氏族の賀茂（鴨）県主《あがたぬし》は、秦氏とともに雄略朝の初期（五世紀中頃）に大和国《やまとのくに》の葛城《かつらぎ》から岡田の地（木津川中流域）へ移住してきたといいます。つまり彼らは、秦氏とは非常に深い関係があるわけです。

　秦氏が桂川、賀茂川の合流地点から深草と葛野へ入ったのに対して、賀茂氏はその合流点北方の右岸一帯に居住していました。さらにその後、乙訓《おとくに》を経て賀茂川を北上し、雄略朝から清寧《せいねい》朝にかけての時代、五世紀の後半にその地に賀茂社を創建しました。賀茂県主による上社《かみしゃ》の祭祀もその頃はじまったと推定されています。

『秦氏本系帳』によると、秦氏と賀茂氏は婚姻関係にあったようで、賀茂社の創建には秦氏が関わったという説があります。

『山城国風土記』に、《賀茂建角身命、神倭石余比古《かむやまといはれひこ》の御崎《みさき》に立ちまして、大倭の葛城《かつらぎ》山の峯に宿りまし、彼より漸《ようやく》に遷《かえ》りて、山代の国の岡田の賀茂に至りたまひ、山代河の随《まにま》に下りまして、「狭小くあれども、石川の清川なり」とのりたまひき。仍《よ》りて、名づけて石川の瀬見の小川と曰《い》ふ。彼の川より上りまして、久我の国の北の山基《やまもと》に定《しず》まりましき。爾《こ》の時より、名づけて賀茂と曰ふ》とあります。

　これが、賀茂に大きな賀茂神社ができた経緯です。

　山背盆地においては、秦氏が特に集中して居住しており、その地域は紀伊郡深草と葛野郡のほぼ全域です。これらの地は近江・丹波に至る交通路の喉元ともいうべき要衝の地です。

◉背景にある商人としての秦氏

こうした京都のさまざまな土地に必ず秦氏が存在しているということは、秦氏が商人として常に情報を得て、商売にふさわしい場所を知っていたということでしょう。各地に秦氏がいるということは、日本人全体のことを考えると獅子身中《しししんちゅう》の虫ととらえることもできますが、一方ではやはりそうした才能と行動力によって日本が活性化したととらえることもできます。

日本人はもともと縄文時代から農耕民的な定住によって、自然の中で平和に暮らしていました。ところが、そこに動く人たちが入ってきて、土地と土地を行き来するようになり、それによって全体が活性化していったのです。

歴代の天皇が彼らに土地を与えたということが史料に書いてあるのですが、それによって彼らは安定した生活をはじめたのです。と同時に、本来の彼らのディアスポラの性格が日本で生かされたということです。

秦氏が近江《おうみ》商人、富山の薬売りなどの「商人」としてさまざまな土地をとりもつ人になったということは、ディアスポラという秦氏の出自によるものでしょう。私はそれが日本の文化にとって、非常にいいことだと考えています。

日本で反乱を起こしたり、抗争をはじめるといった害を及ぼすのではなく、日本の文化の発展に貢献しているところに、彼らの存在を評価できる面があると思います。

◉葵祭に見る大陸の遊牧民族の姿

賀茂社の大祭が、京都の三大祭の一つ、葵祭《あおいまつり》です。葵祭とは、賀茂社が毎年五月十五日に行う現在の賀茂祭です。この賀茂祭を葵祭というのは、髪や冠にさす草花である挿頭《かざし》に当時は葵を用いていたからで、家の軒にも葵をかけるのがならわしだったといわれています。

もう一説あり、上社の別雷神が生まれた御形山《みあれやま》（御陰山）に二葉の葵が生じたという故事に由来することも伝えられています。
葵祭では、早朝に勅使らの行列が京都御所を出発し、建礼門《けんれいもん》前を通って高野山の葵橋を渡り、下社の祭典を行ったあとに宮廷の儀式である東遊びや走馬《はしりうま》、流鏑馬《やぶさめ》が行われます。一行は午後には賀茂堤を南下し、御所に帰ります。

私は、秦氏が大陸時代の騎馬民族であった頃のさまざまな行動が、祭りに反映されていると考えています。たとえば流鏑馬などは、まさに騎馬民族が行うことでしょう。ほとんど戦争が起こっていなかった日本では、走りながら矢を放つという発想はあり得ません。ですからこの行事は、秦氏が彼らの記憶を日本の風習として残したのではないかと考えています。

流鏑馬などがいったいいつから行われたのかは不明ですが、朝鮮や中国は騎馬民族ではないということからも、秦氏が大陸の西から来たユダヤ人、あるいは遊牧民族であるということを示していると思われます。

たとえば、古墳から多くの馬具とともに矢や刀が出土します。つまり、そういうものを身につけた人たちが日本にやって来たということでしょう。

葵祭

走馬の儀

私は、東国から来た文化が京都・奈良に根づいたと考えています。これは、天照大神が高天原から天孫降臨されて西の国々を支配していったというのが日本の歴史だと思っているからです。

やはりまず太陽が昇る東、日出ずる国の東に集まった人たちが南下して秦氏となり、京都や奈良の、日本の静かな農耕民族の人々の間に、一見、騎馬民族的なものを残していった。こういう意外性が日本の文化になっていると思っています。葵祭はこのことをよく示しているお祭りではないでしょうか。

◉日本の自然信仰との調和

一般的に葵祭の起源は、次のようなものだといわれています。

欽明《きんめい》天皇五（五四四）年、たび重なる風水害によって激しい凶作となったのみならず、全国に疫病が蔓延《まんえん》したため、その原因を占ったところ、賀茂の神の祟りだということがわかりました。そこで天皇は賀茂社に使いを出し、馬を走らせたり、神人が面に葛を付けて走るなど豊穣祈願の祭りを行ったのがはじまりだといいます。

『秦氏本系帳』によると、神人は猪の頭をかぶって走ったと書いてあります。もともと鹿などを模した面をかぶることはありましたが、猪というのは大陸の人たちの兜などに使われていましたから、秦氏がもたらした狩猟民族的な起源を語っていると思われます。

流鏑馬といい、一見して荒々しい祭りだということがわかります。流鏑馬で騎射することは事故を起こしやすいということで、文武《もんむ》二（六九八）年には禁止令が出されました。

つまり、葵祭の原型は、日本の東国に住んでいた大陸系の人々が、かつての武人としての行動を祭事の一つとして取り入れたのでしょう。そのため、狩猟を表すような儀礼が生まれたと考えられます。

しかし一方で、日本の農耕的な儀礼もあるわけです。賀茂大祭前の五月十二日の夜に行われる、賀茂社の祭祀で最も古い上社の神事、御阿礼神事《みあれしんじ》です。上社の北西にある丸山の山中、御生野《みあれの》の地に「御生《みあれ》（阿礼《あれ》）所《どころ》」と呼ばれる四間（約七百三十センチメートル）四方の神籬《ひもろぎ》をつくります。「阿礼」は稗田《ひえだの》阿礼の「阿礼」です。

御生所の中央に、神の木に四手（紙垂《かみしで》）をつけた阿礼木を立て、その根本から前方に先端に榊《さかき》の枝を結んだ「御休間木《おやすまぎ》」という長さ四間余の松の丸太を二本、斜め上に向けて扇状に出します。そこを目標に神が降臨するというわけです。

つまり、こうした日本の自然信仰、あるいは植物信仰と、大陸から来た人たちの思いがみごとに調和したお祭りということがいえるのではないでしょうか。

四　松尾大社

◉秦氏が祀った大山咋神

松尾《まつのお》大社には、『延喜式《えんぎしき》』などに出てくる、大山咋神《おおやまくいのかみ》という伝統的な神話の神が祀られています。文武《もんむ》天皇の大宝《たいほう》元（七〇一）年に秦忌寸都理《はたのいみきとり》が神殿を建立し、以後は常に秦一族が社家、神社の宮司を務めました。秦氏は大山咋神の神威を仰ぎつつ、松尾山の神を一族の総氏神として、新しい文化をもって丹波国の開拓に従事したと伝えられています。

社伝によると、「大山咋神は丹波国が湖であった大昔、住民の要望により保津峡を開き、その土を積まれたのが亀山・荒子山《あらしやま》となった。そのおかげで丹波国では湖の水が流れ出て沃野《よくや》ができ、山城国では保津川の流れで荒野が潤うに至った。そこでこの神は山城・丹波の開発につとめられた神である」

ということです。

天平《てんぴょう》二（七三〇）年には大社の称号を得て、松尾大社となりました。平安時代は王城鎮護の神社として、東の賀茂、西の松尾と並び称されていたそうで、中世以後は造酒神、お酒の神様として崇敬されて今日に至ります。

松尾大社は、秦氏をはじめとする山城・丹波の住民から、農産業、土木工業の守神と仰がれ、平安時代以降は朝廷の守護神とされました。桓武天皇は延暦三（七八四）年の十一月に都を長岡京に移すと、勅使を派してこれを奉告し、平安京に都を移す際には松尾大社と賀茂神社を「賀茂の厳神《げんしん》」「松尾の猛霊《もうれい》」と並び称し、皇城鎮護の社としたそうです。

二章で触れたように、秦氏はその土木技術によって保津峡を開削し、桂川に堤防を築いて大堰をつくり、水路を走らせて桂川両岸の荒野を農耕地に拓いていきました。

さらに土木技術のみならず、秦氏は酒造技術も有していました。秦氏には「酒」という字のつく人物が多いのですが、そこからも酒造との関係が深いことがわかります。松尾大社が室町時代末期以降、「日本第一酒造神」と仰がれているのはそのためです。

社殿の背後にある「亀の井の水」でつくったお酒は腐敗しないといわれ、醸造家が汲《く》んで酒水に混ぜる風習があったそうです。現在でも境内には酒造から奉納された多くの酒樽が並んでいます。これは、もともと水に対する信仰があったからでしょう。

たとえば大和三山（香具山《かぐやま》・畝傍山《うねびやま》・耳成山《みみなしやま》）、大神山などは、山そのものを尊守し、敬うわけですが、大山咋神は人間と関わる神であり、松尾山という山に対する信仰と、そこから出る水に対する信仰が重なって松尾大社が成立しているわけです。

そこに秦氏が加わるのは、やはりお酒を製造する造酒神として象徴されているわけで、実業と関わっているのだと考えられます。

日本の自然信仰は、そうした利益とは結び付かなかったと考えるのが、これまでの神話や縄文時代の歴史で示されていることですが、ここではさまざまな人間との関わりを与えるような神社のつくり方をしていることがわかります。それはある意味、進歩というか重要な変化ですが、日本人が御利益を考えるようになったのは彼ら秦氏の影響だと思われます。

五　大酒神社と秦の始皇帝

◉秦の始皇帝の後裔が祀られている

秦氏と関わりある大酒《おおさけ》神社は広隆寺の東に位置しており、かつては「大辟神社」「大裂神社」とも記され、「大いに荒ぶる神」とされていました。それ以外にも「大避」「大荒」とも記されていました。

「辟」は「境・境界」を意味しており、また、「裂」「割」「放」「離」は「断ち切れる」「引き離す」など、「溝」を象徴するともいわれています。

治水・灌漑事業などを行った秦酒公《はたのさけのきみ》が祀られており、のちに「大酒」に改められたといいます。

推古《すいこ》天皇十一（六〇三）年の広隆寺建立以来、大避神社は広隆寺の桂宮院内に鎮座して、鎮守の社として永く祀られ、「大辟の神」と呼ばれました。『続日本紀《しょくにほんぎ》』によると、大辟神は八四九年に従五位下を授与し、『広隆寺縁起』には治暦《じりゃく》四（一〇六八）年に正一位を授けられたと書いてあります。

広隆寺に伝えられる話によれば、仲哀《ちゅうあい》天皇四年に、秦の始皇帝の後裔で秦氏の祖先とされる功満王《こうまんおう》が来朝し、始皇帝の祖霊を祀ったとされています。

祭神は本殿に、秦氏の祖とされる秦の始皇帝、弓月王《ゆづきおう》、秦酒公が祀られ、別殿に呉織《くれはとりの》神《かみ》、呉織女、兄媛命《えひめのみこと》、漢織《あやはとり》神、漢織女、弟媛命《おとひめのみこと》が祀られています。

『広隆寺由来記』によると、古墳時代、仲哀天皇の頃、秦の始皇帝の子孫という功満王が、戦乱を避け日本に渡来したといいます。その始皇帝の神霊を勧請したことがはじまりだそうです。祀られた大辟（避）神より、災難除け、悪疫退散の信仰が生まれました。

仁徳《にんとく》天皇六十年、功満王の子・弓月王は、百済から百二十七県の民一万八千六百七十人とともに渡来し、金銀玉帛《ぎょくはく》などの宝物を朝廷に献上したということが、『日本書紀』や『新撰姓氏録』に書かれています。

秦氏諸族を統率した弓月王の孫・秦酒公は養蚕を広め、絹綾錦《きぬあやにしき》などを織って朝廷に献上しました。呉服漢織《くれはとりあやはとり》の神霊を祀った社が大酒神社の境内に祀られていたと『日本書紀』に記されています。

◉異形の神が登場する牛祭

京都の三奇祭の一つといわれている、十月十日に行われる広隆寺の祭礼・牛祭は、この大酒神社の祭りです。

寺伝によると、恵心僧都源信《えしんそうずげんしん》（九四二～一〇一七年）が極楽浄土を求めて、広隆寺で念仏会をはじめたことがきっかけだそうです。天台系の常行堂《じょうぎょうどう》守護神として祀られる異形の神である摩多羅神《またらじん》で、国家安穏・五穀豊穣・悪疫退散などを祈る人々の素朴な願いをかなえるための祭りだと考えられています。

摩多羅神は、白衣をまとって牛に乗り、三角鼻の紙面をつけた異様な神様で、この白衣の摩多羅神と、紙の面をつけた赤鬼・青鬼の四天王が境内や周辺を一巡し、薬師堂で牛を降り祭文を読み上げます。それが終わると神と鬼は薬師堂に駆け込み、祭りに来た人たちは厄除けになるとされる祭文や面を奪おうとして揉《も》み合う、という祭事です。かつては夜二時に行われ、仮面・装束・行動などが奇怪だったため奇祭といわれたようです。

先述したように、四天王もユダヤ人的な姿をしているわけですが、摩多羅神もユダヤ人・秦氏と考えてよいのではないでしょうか。

六　石清水八幡宮と石清水祭

◉皇室の方々が行脚される

今でも非常に多くの参拝客が訪れる石清水八幡《いわしみずはちまん》ですが、本来は男山《おとこやま》という山岳信仰でした。

石清水八幡宮は、貞観《じょうがん》二（八六〇）年、清和《せいわ》天皇が石清水寺の境内に社殿を造営されたのが創建とされていますが、男山から岩清水という水がこんこんと湧いてきた、という自然信仰が根っこにあるわけです。

石清水寺は、和気清麻呂《わけのきよまろ》で有名な和気氏の氏寺でもあり、神願寺という名前で和気清麻呂の墓があったことが伝わっています。その後、空海ゆかりの高雄山寺《たかおさんじ》を神護寺に改めて新たな氏寺にした際に、元の神願寺に八幡神の勧請をしました。つまり、普通のお寺だったところに八幡神を要請することで、神仏習合のお寺になったわけです。

こうした石清水という自然信仰に薬師如来の信仰を付け加えて石清水寺としたのが、秦氏でした。神仏習合の典型的な名前だった神宮寺を貞観《じょうがん》四（八六二）年に護国寺と改め、神仏習合をさらに強めていったといわれています。

この石清水八幡宮は、天慶《てんぎょう》二（九三九）年に伊勢神宮と並んで奉幣される地位を得ました。つまり、皇室や朝廷から、京都の南西の裏鬼門を守護する王城守護鎮護のお寺とされたわけです。

ちなみに、裏鬼門は南西ですが、鬼門は北東です。北東の鬼門は比叡山《ひえいざん》ですから、守護するために最澄《さいちょう》（七六六～八二二年）のお寺が鎮座するわけです。つまり、明らかに神仏習合のお寺として京を守る立場というわけです。

ここには天皇、上皇、法皇といったたくさんの皇室の方々が行脚され、それは二百五十回にも及んだといいます。

◉勅祭が斎行される数少ない神社

石清水八幡宮で毎年行われている石清水祭は、貞観五（八六三）年、清和天皇の頃の旧暦八月十五日に行われた「石清水放生会《ほうじょうえ》」に因《ちな》みます。

八幡大神が、「生きとし生けるもの」の平安と幸福を願って、男山の裾を流れる放生川のほとりに生きている魚鳥を放ったことをはじまりとする祭儀です。これを見てもやはり自然神信仰、自然神の神社の性格をもっていることがわかります。

この石清水祭が、天皇が直接斎行する勅祭となったのが天暦《てんりゃく》二（九四八）年です。天皇からの幣帛、お供物が捧げられ、お供え物が与えられた勅使が参じるのが勅祭です。それ以降、歴代の天皇が八幡大神に毎年勅使を差し遣わされ、家の安寧と国民の幸福を祈られる非常に重要なお寺となったのです。

全国八万社ある神社のなかでも、勅祭が斎行される神社は十六社にすぎないそうです。そのことでも、当時高い評価を得ていたことがわかります（因みに、葵祭、賀茂祭、奈良の春日祭の三つが三大勅祭といわれています）。

さらに天延《てんえん》二（九七四）年に円融《えんゆう》天皇が朝廷の諸節会に準じて楽人、舞人が音楽や舞を雅楽と共に演じるお祭りになりました。神輿をたくさん出すようなお祭りになったのは延久二（一〇七〇）年です。当時の太政官勤務の最上位であった上卿《じょうけい》が、勅使を兼ねて参議以下朝廷の諸官を率いて参詣したことがはじまりとされています。

このように、京都の祭りのなかでも荘厳な祭りとして評判になり、盛んになっていくと同時に、境内が大きくなっていきます。そのことは、よく教科書にも掲載されている吉田兼好《けんこう》（一二八三〜一三五二年）『徒然草』第五十二段の「仁和寺《にんなじ》にある法師」という話で触れられています。

話の内容は、仁和寺の老僧が年に一度の石清水八幡宮の祭りにぜひ行きたいと思って訪れたのですが、麓《ふもと》の高良社《こうら》や極楽寺《ごくらく》を石清水だと思い込んで、そこだけ参拝します。他の人々が山を登っていくのは目にするのですが、「神へ参るこそ本意なれと思ひて、山までは見ず」、つまり「神様へのお参りだけが本当なんだから、山なんか見るもんか」と言って帰ってしまったというわけです。これについて兼好法師は、「すこしのことにも先達《せんだつ》はあらまほしきことなり」、つまり「小さなことにも案内人が必要である」と話を終えています。

この話でわかることは、当時の石清水八幡宮が巨大な規模であり、男山の山頂にある本殿のほかに、麓の摂末社《せつまつしゃ》が壮大な造りだったということです。そのため、仁和寺の老僧は、麓の神社を石清水神社と勘違いして帰ってしまったわけです。当時盛んだった石清水八幡宮の様子が、よくわかるお話です。

◉祭りを彩る豪華な神輿「御鳳輦」

石清水八幡宮のお祭りでは、御鳳輦《ごほうれん》という鳳凰《ほうおう》の飾られた豪華な神輿が祭りを盛り上げます。八幡神社の先駆である宇佐《うさ》神宮、宇佐八幡宮は敏達《びだつ》天皇七（五七八）年に成立していますが、二番目が石清水八幡宮のこの神輿です。

御本殿を出発し、約五百人による約二十三基の神輿が出ます。神人と呼ばれる約五百名の人がお供えの列を従え、男山の山上の御本殿から山麓の頓宮《とんぐう》という仮の宮殿に下りていくという「神幸行列」です。山麓へ下って勅使の奉迎を受けて頓宮に入り、献饌《けんせん》・供花・奉幣《ほうへい》・牽馬《ひきうま》などのさまざまな古儀に則った奉幣祭という祭りが行われるわけです。

　そして最後が御鳳輦です。真夜中に松明《たいまつ》や提灯《ちょうちん》の灯りが灯され、鳳凰の飾りのある天子の車が山上へ戻るという「還幸《かんこう》」が行われます。これは八幡大神を乗せた御鳳輦の神輿を送り出すということです。

　これはまさに平安京絵巻さながらの、いかにも高尚典雅の平安京らしい祭りで、「動く古典」といわれているくらいなのです。

七　木嶋坐天照御魂神社《このしまにますあまてるみたま》（蚕の社）と絹織り

◉秦氏と絹織物の関係がわかる神社

右京区太秦《うずまさ》森ヶ東町にある蚕《かいこ》の社は、正しくは木嶋坐天照御魂《このしまにますあまてるみたま》神社という名前で、天照の御魂の神社です。

祭神は天之御中主命《あめのみなかぬしのみこと》で、瓊瓊杵命《ににぎのみこと》、大国主魂神《おおくにぬしのたま》、それから穂々出見命《ほほでみのみこと》、鵜茅葺不合命《うがやふきあえずのみこと》と、日本の神々がたくさん並んでいます。これはもともと秦氏にゆかりの神社で、『続日本紀』の大宝《たいほう》元（七〇一）年にその名があり、『延喜式』にも重要な名神大社として記されています。平安時代には雨を降らす神として信仰されていたといいます。本殿の右に養蚕神社、つまり蚕に関する神社があり、養蚕・機織・染色技術にすぐれた秦氏に因んで「蚕の社」

と呼ばれたわけです。

秦氏は日本に、機織りをして蚕から絹を取り出すという技術をもってきました。それで機織の「ハタ」から秦氏になったという説もありますが、この神社はまさにそのことを示しているといえるでしょう。

境内には「元糺の池《もとただす》」があり、賀茂明神はこの地から下鴨糺森《ただすのもり》に移ったといいます。「糺森」という名前は、この池から来たもので、池の中に明神鳥居という正三角形の三鳥居があります。これが、キリスト教の三位一体を表しているのではないかといわれています。つまり、神社のいろいろな箇所に彼らの記憶が形として表現されているということです。

ここはキリスト教の神社でもありませんし、また、それを強く主張するわけでもありません。つまり、彼らが日本に救いの道を見いだしたとき、自分たちがもっていた宗教性のすべてを日本の神道に吸収させてしまった、自然信仰に変えてしまったということなのです。

それだけ日本の文化、あるいは日本の神道が非常に懐の深いものであったということがいえるでしょう。

おわりに――平安文化とフランス文化

京都の文化のことを語ろうとするとき、奈良のそれと対照して考えることが多いと思います。大体、時代的に奈良の延長として、京都を考えることが多いのですが、私は必ずしも、そうではない、と考えるようになりました。私の西洋体験をもとにすると、両者の間はフランスの文化と、イタリアの文化の違いぐらいがあるのではないか、と思うようになったのです。

個人的なことを述べますと、私は学生時代、西洋美術史を研究していましたが、まずフランスに、次に、イタリアに留学しました。五年近くフランス政府留学生として多くパリにおり、ドクター論文を書きました。またイタリア政府留学生としてローマに一年過ごし、またフィレンツェにも一年滞在しました。この二か国の留学体験で、イタリアとフランスを私なりに知ることができました。

イタリアはご存知のとおり、古代ローマが滅び、別の北方民族の国家となりました。それでありながら、ギリシャ文化を受け継ぎ、キリスト教の洗礼を受けました。ヨーロッパの文化の中心に位置しており、それが十五、十六世紀に「ルネッサンス」の文化を生み出しました。レオナルド・ダ・ヴィンチ（一四五二～一五一九年）やミケランジェロ（一四七五～一五六四年）といった最高の画家、彫刻家が活躍しました（拙著『イタリア美術史』参照）。

一方、奈良は、縄文文化から引き続いて、大和時代を迎え、古墳時代、仏教文化時代と発展し、見事に世界的「古典文化」の花を咲かせました。そこでは国中連公麻呂《くになかのむらじきみまろ》や将軍万福などの巨匠《きょしょう》を輩出《はいしゅつ》しました（拙著『天平に華咲く「古典文化」』参照）。

ある意味で類似する歴史をもつイタリアと奈良には共通性がある、と考えたのです。

他方、フランスはイタリア文化と一線を画しています。確かにこれまで言われているように、十六、十七世紀はまさにイタリア美術の継続と言っていい面もあります。プッサン（一五九四～一六六五年）はラファエロ（一四八三～一五二〇年）なしには生まれなかったし、ラ・トゥール（一五九三～一六五二年）はカラヴァッジオ（一五七一～一六一〇年）なしには考えられない存在でした。しかし、フランス文化は、そうしたイタリア文化の性格とはもともと異なった国であった、といえます。

それはキリスト教文化のことを考えてもわかります。フランスの十七世紀以降の文化は、すでに世俗化の傾向を強くしています。パスカル（一六二三～一六六二年）やデカルト（一五九六～一六五〇年）といった思想家もすでに、理性という神から離れた、人間の独自性を説きはじめています。ルイ王朝のヴェルサイユ宮殿は、宗教性から離れ、左右対称形の幾何学的な形態を示しています。それは人間がつくり上げた理性の象徴といっていいでしょう。

そうした対比的な見方を日本に当てはめると、京都では、奈良の仏教文化の通俗化が始まり、仏師・定朝《じょうちょう》（生年不詳～一〇五七年）の浄土仏のような威厳を欠いた洗練された仏像がつくられています。宇治の平等院は華麗な左右対称形で、その壁に掲げられた優雅で華麗な雲中供養菩薩像《うんちゅうくようぼさつ》五十三体は菩薩像でありながら、人間の舞踊や音楽を楽しむ姿が見事に表されています。源氏物語絵巻には、仏の姿は出て来ません（拙著『日本美術全史』参照）。

こうした変化の前提に、フランス、日本共に、私は、ユダヤ人の影響がある、と考えます。フランスには、すでに長らく居住していたスペイン・ポルトガルから追放されたユダヤ人が移り住みました。フランス、ベルギー、オランダなどに、追放後のユダヤ人たちが、移り住んだのです。「レコンキスタ」の時期（七一八～一四九二年）から追放されたユダヤ人たちが、ルイ王朝のフランスで、差別されながらも、その経済的な力と社会的な能力によって、フランス革命を導くほどになったのです。フランス革命は、彼らの自由を保障する革命でもありました。

革命とは正反対の行動をしていたのが、日本のユダヤ人・秦氏でした。平安京建設で、秦氏が大きな貢献をしたことは、本文で述べたとおりです。もともと、奈良の大和朝廷が、律令国家日本になったとき、それに貢献していた彼らが、平安京の建設にも取り組みました。山背《やましろ》（城）地方に居住していた彼らは、その土地を提供しただけでなく、建設にも参加したのです。もう髭《ひげ》を剃り美豆良《みずら》も切って、名前も惟宗《これむね》氏に変えてしまいました。

彼らは、神道を神社の建設によって根付かせるとともに、祇園祭や葵祭をはじめ、華やかな平安京づくりをはじめました。今は八坂神社と呼ばれる祇園社は、祇園精舎の名を借り、またシオンという名も借りています。ここは秦氏の建立になるものでした。本文で述べたように、賀茂神社、松尾大社、そして岩清水八幡宮、伏見稲荷神社なども秦氏によって創立され、その祭りが、この平安時代の京都の華やかさを演出しました。


京都に似たフランス人たちの文化は、ルイ王朝時代からロココ時代にかけて、まさに祭典の時代でした。ルイ王朝は「フェット・ギャラント」（雅やかな祭り）の文化をつくり出しました。ヴェルサイユ宮は、まさにその中心地でした。

フランス文化の基本は、よく「クリティック（批評）精神」だといわれます。この「クリティック」はもともとユダヤ人の資質です。土地に根付いた伝統の中で、文化をつくり出すのではなく、常にアウトサイダーとして、批判によって、それを商品化する、値段を付ける商人こそが彼らの役割だったのです。

しかし、日本のユダヤ人・秦氏はそうではなかったのです。土地を所有することが可能になった彼らは、積極的に日本の信仰形態にあった神社という信仰の場所をつくりました。各神社も、広隆寺をはじめとする寺院も、彼らの豊かな財産をもとに、豪華な建物が建てられていったのです。彼らは日本の神仏習合文化に同化したのです。

こうした秦氏の貢献によって、京都文化が出来上がっていきました。その後の平安時代の文化は特に文学を中心としてその洗練度を増しました。『古今和歌集』と奈良時代の『万葉集』を比べてみれば、それがよくわかります。貴族的な感覚の鋭さが生まれてきたのです。紙幅の関係で、この書では平安後期からそれ以後のことは述べませんが、京都人の性格は、こうした平安京の時から形成されていったのです。

奈良生まれで、国学院大学の教授であった樋口清之《ひぐちきよゆき》氏は、ベストセラーになった『関東人と関西人』というエッセイの中で、京都人の気質を次のように述べています。

《「京都ほど閉鎖的なところはない。よそ者は絶対受け入れられない土地だ」と他県から京都に来て生活した人はかならずいう。この排他性は、料亭などが「一見《いちげん》の客」を入れないというところにもみられる。

観光客として人の出入りが激しいため、他国者への警戒心が強くなったためだが、一方では、その他国者の落としてくれる金に依存しなくてはならなかったから、それなりの知恵を磨いた。あのやわらかいイントネーションの丁寧な言葉は、人の心をそらさぬものだが、聞くほどに曖昧になっていく。京都では人によばれても、それをマにうけて出かけるものではないという。間接表現が多く、断定をさけ、すべてがボカシであり、どっちにとられても損がないようにできている。これはまた政変の激しい土地柄から生まれたものであろう。

このような冷徹なように感じられる京都人だが、しかし冷酷ではない。理性の勝った覚めた心を持っている。長い間の生活経験から相互扶助の習慣を持ち、政治は自分たちを守ってくれないことをよく知っていて、みずからの手でみずからを守ってきたのである。そうした根強さは、反権力的なものとして、最も革新的な政治をすすめるといったような強さをも持っているのである。

仏教へのあつい信仰、容易に変えようとしない生活習慣。これが日本人の古来からの文化を残しているのである。

体型は朝鮮型に近く、より細身であり、長顔、青白く、毛深くない。やや低血圧で貧血気味。この中から小野小町型の人間が出た。これに対し、郊外には胴長短脚、ずんぐりして、やや赤ら顔の丸顔、筋肉質の人が多いようである。古い絵にある引き目鈎鼻の藤原型美人は、この中から出ている》

この文章を読むと、「体型は朝鮮型に近く」ではじまる最後の一節を除くと、京都人は、ほぼユダヤ人の気質と似ているような気がします。いったん京都に定着した秦氏は、惟宗氏となり、貴族の体質になっていったようです。それとともに、冷たく閉鎖的になっていきます。《長い間の生活経験から相互扶助の習慣を持ち、政治は自分たちを守ってくれないことをよく知っていて、みずからの手でみずからを守ってきたのであろう》という部分は、彼らの体質を語っているようにも見えます。

樋口氏は、秦氏のことには気づかず、それが朝鮮人に似ているというようなことを述べていますが、そうではないでしょう。秦氏はこれまで朝鮮出身者と間違えられてきました。しかし、京都は、実はユダヤ人によって形成されたのです。彼らは、日本では日本人以上に伝統を大事にしたような気がします。出しゃばらず、静かに潜行しました。能楽の世阿《ぜあ》弥《み》が、彼らの祖先は秦河勝《はたのかわかつ》だ、といったように、まさに日本人の芸術的才能を発揮させるように導いたのが彼らだったと思えます。機会があればそのことを書いてみたいと思っています。

本書発行にあたっては、育鵬社編集長の大越昌宏氏、ライターの髙関進氏の協力を受けました。お礼を申し上げます。

令和三年睦月

田中　英道

主な参考文献・資料

『秦氏の研究』大和岩雄著／大和書房
『秦氏の秘教』菅田正昭著／学研プラス
『猿田彦と秦氏の謎』清川理一郎著／彩流社
『ＤＮＡが解き明かす日本人の系譜』崎谷満著／勉誠出版
『失われた極東エルサレム「平安京」の謎』飛鳥昭雄、三神たける著／学研プラス
『日本書紀（上・下）全現代語訳』宇治谷孟訳／講談社学術文庫
『祇園祭の大いなる秘密』久慈力著／批評社
『古代氏文集――住吉大社神代記・古語拾遺・新撰亀相記・高橋氏文・秦氏本系帳』沖森卓也、矢嶋泉、佐藤信著／山川出版社
『新装版　ユダヤと日本　謎の古代史』Ｍ・トケイヤー著、箱崎総一訳／産業能率大学出版部
『発見！　ユダヤ人埴輪の謎を解く』田中英道著／勉誠出版

【著者略歴】

田中英道（たなか・ひでみち）

昭和17（1942）年東京生まれ。東京大学文学部仏文科、美術史学科卒。ストラスブール大学に留学しドクトラ（博士号）取得。文学博士。東北大学名誉教授。フランス、イタリア美術史研究の第一人者として活躍する一方、日本美術の世界的価値に着目し、精力的な研究を展開している。また日本独自の文化・歴史の重要性を提唱し、日本国史学会の代表を務める。著書に『日本美術全史』（講談社）、『日本の歴史 本当は何がすごいのか』『日本の文化 本当は何がすごいのか』『世界史の中の日本 本当は何がすごいのか』『世界文化遺産から読み解く世界史』『日本の宗教 本当は何がすごいのか』『日本史５つの法則』『日本の戦争 何が真実なのか』『聖徳太子 本当は何がすごいのか』『日本の美仏50選』『葛飾北斎 本当は何がすごいのか』『日本国史』『日本が世界で輝く時代』『ユダヤ人埴輪があった！』『左翼グローバリズムとの対決』『日本国史の源流』（いずれも育鵬社）などがある。

京都はユダヤ人秦氏がつくった

発行日　2021年２月10日　初版第１刷発行
　　　　2024年６月10日　　　第７刷発行

著　者　田中英道

発行者　小池英彦

発行所　株式会社　育鵬社
〒105-0022　東京都港区海岸1-2-20　汐留ビルディング
電話03-5843-8395（編集）　http://www.ikuhosha.co.jp/

株式会社　扶桑社
〒105-8070　東京都港区海岸1-2-20　汐留ビルディング
電話03-5843-8143（メールセンター）

発　売　株式会社　扶桑社
〒105-8070　東京都港区海岸1-2-20　汐留ビルディング
（電話番号は同上）

本文組版　株式会社　明昌堂

印刷・製本　サンケイ総合印刷株式会社

ISBN 978-4-594-08739-5

本書のご感想を育鵬社宛てにお手紙、Eメールでお寄せください。
Eメールアドレス　info@ikuhosha.co.jp